Estudos de Direito da União Europeia

Estudos de Direito da União Europeia

2012

Sofia Oliveira Pais
Professora da Faculdade de Direito da Universidade Católica Portuguesa

ESTUDOS DE DIREITO DA UNIÃO EUROPEIA

AUTORA
Sofia Oliveira Pais

EDITOR
EDIÇÕES ALMEDINA, S.A.
Rua Fernandes Tomás, n.os 76, 78 e 79
3000-167 Coimbra
Tel.: 239 851 904 · Fax: 239 851 901
www.almedina.net · editora@almedina.net

DESIGN DE CAPA
FBA.

PRÉ-IMPRESSÃO
Jorge Sêco

IMPRESSÃO E ACABAMENTO
PAPELMUNDE, SMG, LDA.
V. N. de Famalicão

Fevereiro, 2012

DEPÓSITO LEGAL
340663/12

GRUPOALMEDINA

BIBLIOTECA NACIONAL DE PORTUGAL – CATALOGAÇÃO NA PUBLICAÇÃO

PAIS, Sofia Oliveira

Estudos de Direito da União Europeia. – (Manuais universitários)
ISBN 978-972-40-4779-9

CDU 34

NOTA PRÉVIA

A presente publicação visa colocar à disposição de todos aqueles que estudam, e se interessam pelas questões europeias, um conjunto de textos elaborados para responder a solicitações várias, ocorridas entre Março de 2010 e Dezembro de 2011, e que apresentam breves reflexões sobre algumas das alterações introduzidas pelo Tratado de Lisboa ao Tratado da União Europeia e ao Tratado sobre o Funcionamento da União Europeia.

O primeiro estudo é dedicado à apresentação do quadro institucional vigente na União Europeia, tendo em especial atenção as alterações introduzidas pelo Tratado de Lisboa. O segundo, o terceiro e o quarto estudos visam analisar o interesse das alterações introduzidas pelo Tratado de Lisboa ao Tratado sobre o Funcionamento da União Europeia, quer no âmbito do reenvio prejudicial, quer no plano do contencioso da legalidade. O quinto, e último estudo, aborda a questão da proteção dos direitos fundamentais no contexto da União Europeia, tendo em conta o impacto da entrada em vigor do Tratado de Lisboa.

Espera-se que a presente publicação contribua para aprofundar o interesse pelo estudo dos temas enunciados.

Porto, 20 de Janeiro de 2012

I
O Tratado de Lisboa e o quadro institucional da União Europeia[1]

SUMÁRIO: 1. Introdução. A dinâmica da integração europeia. 2. Fontes de direito da União Europeia e processos de decisão. 3. As instituições da União Europeia. 3.1. Parlamento Europeu. 3.1.1. Enquadramento legislativo. 3.1.2. A contribuição dos Parlamentos Nacionais para o bom funcionamento da União Europeia. 3.2. Conselho Europeu. 3.2.1. Enquadramento legislativo. 3.2.2. Os novos cargos criados pelo Tratado de Lisboa: Presidente do Conselho Europeu e Alto Representante da União para os Negócios Estrangeiros e a Política de Segurança. 3.3. O Conselho (da União Europeia). 3.3.1. Enquadramento legislativo. 3.3.2. A progressiva transformação do Conselho numa «segunda câmara legislativa». 3.4. Comissão Europeia. 3.4.1. Enquadramento legislativo. 3.4.2. O papel da Comissão numa União Europeia alargada. 3.5. Tribunal de Justiça da União Europeia. 3.5.1. Enquadramento legislativo. 3.5.2. A questão do «ativismo judicial». 3.6. Banco Central Europeu e Tribunal de Contas. 4. Conclusão.

[1] O texto que aqui se reproduz corresponde parcialmente (pontos 3 e 4) ao publicado no *Cadernos O Direito*, n.º 5, 2010 – o Tratado de Lisboa (Almedina).

1. INTRODUÇÃO. A DINÂMICA DA INTEGRAÇÃO EUROPEIA

A construção de uma União Europeia é um projeto político, com uma dimensão espiritual[2], nascido da necessidade de se garantir a paz numa Europa destruída pela segunda guerra mundial[3]. A Comunidade Europeia do Carvão e do Aço (CECA), criada em 18 de Abril de 1951, pelo Tratado de Paris, de acordo com o plano Schuman[4], marca o início da cooperação político-económica entre os países europeus. Destinada a vigorar durante 50 anos[5], procurou integrar a Alemanha numa organização europeia, auxiliando-a no processo de reconstrução, e promovendo

[2] Procurou-se, como ensina Weiler, "redefinir as relações humanas" entre os indivíduos e com a comunidade, cf. J. Weiler, *The constitution of Europe*, Cambridge University Press, 1999, pp.10 e ss. e 90-95 e ainda do mesmo autor, "On the Distinction between Values and Virtues in the Process of European Integration", *in IILJ International Legal Theory Colloquium Spring 2010 -The Turn to Governance: The Exercise of Power in the International Public Space* (provisional draft), pp. 1 e ss.

[3] Para uma visão geral do processo de integração europeia, cf. Rui Moura Ramos, *Das Comunidades à União Europeia. Estudos de Direito Comunitário*, Coimbra editora, 1994, pp. 5 e ss, Ana Maria Guerra Martins, *Curso de Direito Constitucional da União Europeia*, Almedina 2004, pp. 11 e ss., Fausto Quadros, *Direito da União Europeia*, Almedina, 2004, pp. 48-49, João Mota Campos e João Luiz Mota de Campos, *Manual de Direito Comunitário*, Fundação Calouste Gulbenkian, 4ª ed., pp. 11 e ss., Maria José Rangel de Mesquita, *A União Europeia após o Tratado de Lisboa*, Almedina, 2010, pp. 11 e ss., Maria Luísa Duarte, *União Europeia – Estática e Dinâmica da Ordem Jurídica Eurocomunitária*, Almedina, 2011, p. 23 e ss., Miguel Gorjão Henriques, *Direito da União, História, Direito, Cidadania, Mercado Interno e Concorrência*, Almedina, 2010, pp. 13 e ss, António Goucha Soares, *A União Europeia*, Almedina, 2006, pp. 9 e ss., José Caramelo Gomes, *Lições de Direito da União Europeia*, Almedina, 2009, pp. 8 e ss., e Jónatas E. M. Machado, *Direito da União Europeia*, Coimbra editora, 2010, pp. 8 e ss.

[4] Ficou famosa a declaração do ministro francês dos Negócios Estrangeiros, Robert Schuman, em 9 de Maio de 1950: "A Europa não se fará de um golpe, nem numa construção de conjunto: far-se-á por meio de realizações concretas que criem em primeiro lugar uma solidariedade de facto. A união das nações europeias exige que seja eliminada a secular oposição entre a França e a Alemanha. Com esse objetivo, o Governo francês propõe atuar imediatamente num plano limitado, mas decisivo. O Governo francês propõe subordinar o conjunto da produção franco-alemã de carvão e de aço a uma Alta Autoridade, numa organização aberta à participação dos outros paises da Europa", disponível em http://europa.eu/abc/symbols/9-may/decl_pt.htm (3.1.2012).

[5] A partir de 23 de Julho de 2002, o TCECA expirou e as suas matérias passaram a integrar o Tratado da Comunidade Europeia (TCE), hoje Tratado sobre o Funcionamento da União Europeia (TFUE).

a sua reconciliação, designadamente, com a França, prevenindo, dessa forma, novas ameaças e promovendo já aí valores que caracterizam a atual União[6].

Por outro lado, com o Tratado CECA é aplicado o método de integração funcionalista (transformado mais tarde em método comunitário), ou seja, promove-se a integração económica num domínio limitado –carvão e aço –, mas fundamental para as economias europeias devastadas pela guerra[7]. A integração funcional foi, assim, apresentada como o novo modelo de unidade europeia, num processo "do tipo gradualista, esperando que os sucessivos patamares de irreversibilidade fossem consolidando o acervo comunitário adquirido", e em que os limites ou transferências de soberania eram apenas mínimos[8].

Depois do projeto falhado da criação de uma Comunidade Europeia de Defesa[9], e na sequência do relatório Spaak[10], são adotados mais dois

[6] Valores esses referidos, hoje, nos artigos 2º e 3º do TUE, a saber: a União tem por objetivo promover a paz, os seus valores e o bem estar dos seus povos; funda-se, assim, nos valores do "respeito pela dignidade humana, da liberdade, da democracia, da igualdade, do Estado de direito e do respeito pelos direitos do Homem, incluindo os direitos das pessoas pertencentes a minorias", valores esses "comuns aos Estados-Membros, numa sociedade caracterizada pelo pluralismo, a não discriminação, a tolerância, a justiça, a solidariedade e a igualdade entre homens e mulheres".

[7] O método funcionalista é, como ensina Maria Luísa Duarte, "uma teoria clássica sobre a integração regional que interpreta o interesse comum relativo à definição integrada de políticas económicas e sociais como o fundamento de criação de órgãos de autoridade supranacional, investidos de poderes regulatórios dos mercados", cf. *União Europeia – Estática e Dinâmica da Ordem Jurídica Eurocomunitária*, Almedina, 2011, p. 83, e teria estado na base do "método de pequenos passos".

[8] Cf. Francisco Lucas Pires, *A revolução europeia (antologia de textos)*, publicado pelo Gabinete em Portugal do Parlamento Europeu, Maio 2008, p. 44.

[9] Propunha-se, em 1952, um mecanismo para coordenar as forças armadas europeias; este projeto foi, todavia, abandonado em 1954, com o voto contra do Parlamento francês que receava perder a sua soberania. Cf. as intervenções feitas por ocasião do debate na Assembleia nacional Francesa a 20 e 29 de Agosto de 1954, publicadas nos *60 anos de Europa – Os grandes textos de construção europeia*, Publicação do Gabinete em Portugal do Parlamento Europeu, Europress Lda, Novembro 2008, pp. 30-31.

[10] O relatório Spaak, ou relatório de Bruxelas, foi esboçado por Paul-Henri Spaak, ministro belga dos negócios estrangeiros e presidente do comité intergovernamental instituído em Messina, em 1965, e apresentava aos colegas da CECA projetos de Tratados que visavam a criação da CEE e da CEEA, comunidades estas com vigência, à partida, ilimitada, cf. *60 anos...*, ob. cit., pp. 41-42.

Tratados em Roma, em 25 de Março de 1957, criando a Comunidade Europeia de Energia Atómica (CEEA) e a Comunidade Económica Europeia (CEE). Os dois Tratados de Roma são assinados pelos mesmos seis Estados que tinham instituído a CECA: Alemanha, França, Itália, Bélgica, Holanda e Luxemburgo. Com esses dois novos Tratados, passam a existir na Europa três Comunidades, com órgãos distintos (salvo o Parlamento Europeu e o Tribunal de Justiça, que são comuns às três). Depois, é preciso esperar pelo Tratado de Bruxelas, de 8 de Abril de 1965, para se dar a fusão das instituições e surgir um único Conselho e uma única Comissão nas três Comunidades.

Em 1 de Julho de 1987, entra em vigor o Ato Único Europeu, que altera os tratados anteriores e estabelece 31 de Dezembro de 1992 como data limite para a "conclusão" de um mercado único, no espaço europeu, no interior do qual deve ser assegurada a livre circulação de mercadorias, pessoas, serviços e capitais[11]. Simultaneamente, são introduzidas, no Tratado CEE, novas políticas comunitárias (ambiente e investigação e desenvolvimento), regras relativas à cooperação política europeia (que acabará por ser substituída, em 1992, pela Política Externa e de Segurança Comum), e são operadas certas reformas no plano institucional (por exemplo, o Conselho Europeu é integrado nos Tratados, em certos casos passa a ser necessário um parecer conforme do Parlamento Europeu, e é criado o Tribunal de Primeira Instância, hoje Tribunal Geral, para auxiliar o Tribunal de Justiça).

O processo de integração europeia vai prosseguir com a entrada em vigor do Tratado de Maastricht (ou Tratado da União Europeia) em 1 de Novembro de 1993, ainda que a sua ratificação não tenha sido isenta de dificuldades (recorde-se que a Dinamarca começou por rejeitar o Tratado no primeiro referendo, de 2 de Junho de 1992, e só o aprovou no ano seguinte, depois de lhe ter sido conferido um estatuto especial, que lhe permitia não participar na união monetária, na defesa comum e em certas regras da livre circulação de pessoas). Com o Tratado de Maastricht é criada uma União Europeia, assente em três pilares e num quadro institucional único (variando as competências das instituições consoante o pilar em

[11] Note-se que a criação de um mercado comum no espaço europeu (hoje designado como mercado interno) estava prevista, desde o início, no TCE. Com o Ato Único é, todavia, fixado um prazo com o objetivo de acelerar a construção desse mercado, sem prejuízo de continuarem a ser tomadas medidas nesse sentido mesmo depois de ter passado essa data, até porque hoje é pacífico que o mercado interno é um *processo sempre em construção*.

causa). O primeiro pilar, seguia o método comunitário, e era constituído pelas Comunidades Europeias: Comunidade Europeia do Carvão e do Aço, Comunidade Europeia da Energia Atómica e Comunidade Europeia (esta última designação substituiu, a partir de 1992, a da Comunidade Económica Europeia); ou seja, desde o Tratado de Maastricht, e até ao Tratado de Lisboa, a Comunidade Europeia vai coexistir com a União Europeia. O segundo pilar abrangia a Política Externa e de Segurança Comum (PESC) e o terceiro pilar referia-se à Cooperação no Domínio da Justiça e Assuntos Internos (JAI), estabelecendo, ambos, mecanismos de cooperação intergovernamental.

A par destas novidades, são introduzidas várias alterações ao Tratado da Comunidade Europeia (TCE), designadamente: é criado o estatuto da cidadania europeia; é introduzido o processo de codecisão, (processo em que o poder legislativo é partilhado entre o Conselho da União Europeia e o Parlamento Europeu); são ampliadas as competências do Parlamento Europeu[12] e alargados os casos em que o Conselho decide por maioria qualificada; são desenvolvidas as políticas comunitárias existentes e introduzidas novas políticas (por exemplo, no domínio da educação, formação profissional, saúde pública, proteção dos consumidores, telecomunicações, energia, etc.); e, finalmente, prevê-se a criação, por etapas, de uma União Económica e Monetária que conduzisse a uma moeda única e a um Banco Central Europeu.

Refira-se, por fim, que o Tratado da União Europeia (TUE) previa ainda a realização de uma conferência intergovernamental (CIG) que procedesse à revisão do Tratado, o que veio efetivamente a suceder com a assinatura do Tratado de Amesterdão em 2 de Outubro de 1997. Mais uma vez, as dificuldades no processo de ratificação adiaram a entrada em vigor deste Tratado para 1 de Maio de 1999.

O Tratado de Amesterdão operou, desde logo, a renumeração dos artigos dos tratados anteriores, com vista a simplificar a sua leitura. Além disso, previa a possibilidade de o Conselho da União Europeia sancionar um Estado infrator de valores fundamentais em que assenta a União,

[12] Por exemplo, direito de petição, possibilidade de criar comissões de inquérito temporárias, etc. Note-se ainda que foram igualmente alargadas as competência do Tribunal de Primeira Instância e do Tribunal de Justiça (por exemplo, este último passa a poder aplicar sanções pecuniárias compulsórias aos Estados infratores, no âmbito de uma segunda ação por incumprimento).

suspendendo os seus direitos de voto no seio do Conselho (art.º 7.º do TUE). Comunitarizou ainda o terceiro pilar, reformulando-o: reduziu-o à cooperação policial e judiciária em matéria penal e criou um novo título, relativo aos vistos, asilo, imigração e outras políticas ligadas à livre circulação de pessoas, o qual passou a ficar sujeito aos processos de decisão previstos no TCE. Além disso, o acervo de Schengen (acordos que, constituindo uma cooperação reforçada, visavam garantir a livre circulação de pessoas) foi integrado, através de um protocolo anexo, no quadro da União Europeia. Finalmente, o Tratado de Amesterdão além de desenvolver e modificar a PESC (introduziu, por exemplo, a figura da abstenção construtiva, isto é, o Estado que se abstém não impede a tomada da decisão na União, mas não tem de a aplicar), introduziu o conceito de Europa de geometria variável ou a duas velocidades, na medida em que permite, uma vez verificadas certas condições, que alguns Estados avancem mais rapidamente no processo de integração europeia, instituindo entre si uma cooperação reforçada.

Na sequência do Tratado de Amesterdão, e sobretudo dada a necessidade de reformar as instituições da União de modo a permitir a adesão de doze novos Estados[13], foi assinado, em 26 de Fevereiro de 2001, o Tratado de Nice, que entrou em vigor em 1 de Fevereiro de 2003. Para a *décalage*, entre a assinatura e a entrada em vigor do Tratado, contribuiu a sua rejeição pela Irlanda, num primeiro referendo em 7 de Junho de 2001, apenas ultrapassada por um segundo referendo, realizado em 19 de Outubro de 2002. Entre as principais modificações, introduzidas por Nice, destacam-se as seguintes: redução dos casos de votação por unanimidade no seio do Conselho e alargamento das matérias sujeitas a votação por maioria qualificada; fixação de um número máximo de deputados no Parlamento Europeu, o qual viu, mais uma vez, ampliadas as suas competências (refira-se, em especial, o alargamento do recurso ao processo de codecisão); limitação do número de comissários, prevendo-se a instauração de um sistema de rotação (solução que pressupõe, em todo o caso, a unanimidade no Conselho); reforço das competências do presidente da Comissão; e o processo

[13] Além dos seis Estados-Membros fundadores, aderiram às Comunidades, hoje União, os seguintes Estados: em 1973, o Reino Unido e a Irlanda, em 1981, a Gécia, em 1986, Portugal e Espanha e em 1995, a Aústria, a Suécia e a Finlândia. Em 2004, dá-se o grande alargamento: Malta, Chipre, Polónia, Hungria, Eslováquia, República Checa, Eslovénia, Estónia, Letónia e Lituânia passam a pertencer à União. Em 2007, aderem a Roménia e Bulgária, e em 2011 a Croácia assinou a adesão à União (a concretizar em 2013).

de cooperação reforçada, instituído pelo Tratado de Amesterdão, passa a estar previsto nos três pilares, com pequenas alterações.

Apesar das alterações introduzidas pelo Tratado de Nice, a reforma das instituições ficou aquém das expectativas. E nem o Tratado que estabelecia uma Constituição para a Europa (a dita *Constituição Europeia*) permitiu cumprir tal desiderato, desde logo porque foi rejeitado, em 2005, pela França e pela Holanda. Só com a assinatura do Tratado de Lisboa, em 13 de Dezembro de 2007, foi dado um novo impulso ao processo de integração europeia.

O Tratado de Lisboa, em vigor desde 1 de Dezembro de 2009[14], tem por objetivo aumentar a legitimidade democrática da União Europeia, bem como reforçar a sua eficácia e coerência no plano das relações externas[15]. Para o efeito, introduz alterações ao Tratado da União Europeia e ao Tratado da Comunidade Europeia (redenominado Tratado sobre o Funcionamento da União Europeia)[16], destacando-se as seguintes: é dissolvida a estrutura tripartida da União (a qual substitui e sucede à Comunidade Europeia); a União passa a dispor de personalidade jurídica, devendo aderir à Convenção Europeia dos Direitos do Homem; é atribuído à Carta dos Direitos Fundamentais da União Europeia o mesmo valor jurídico dos

[14] Mais uma vez, o atraso na entrada em vigor do Tratado resultou da sua rejeição pelo povo irlandês (por referendo, em 2008). O Tratado só viria a ser ratificado pela Irlanda, depois de o Conselho Europeu fornecer à Irlanda as 'garantias necessárias' (nomeadamente, que a Comissão manteria um comissário por cada Estado-Membro).

[15] Segundo Hans Jurgen Papier (cf. "Europe's new realism: the Treaty of Lisbon", *European Constitutional Law Review,* The Hague, 2008, vol. 4, issue 3, p. 421), as finalidades mencionadas foram herdadas do «Tratado Constitucional», tendo, todavia, ficado pelo caminho o objetivo da transparência e simplificação legislativa. Para uma visão geral do «Tratado Constitucional» cf. Maria Luísa Duarte, "Constituição Europeia" *in Estudos de Direito da União e das Comunidades Europeias* – II, Coimbra Editora, 2006, pp. 393 e ss. Ana Maria Guerra Martins, *Curso de Direito Constitucional da União Europeia,* Almedina 2004, pp. 142 e ss., e Fausto Quadros, *Direito da União Europeia,* Almedina, 2004, pp. 48-49.

[16] Note-se que o Tratado de Lisboa apenas possui sete artigos: o primeiro e segundo introduzem alterações aos Tratados existentes (logo, não visam revogá-los, mas apenas alterá-los), e os restantes visam a fixação da duração do Tratado, o processo de ratificação e a renumeração dos artigos dos Tratados anteriores. Significa isto que, ao contrário da «Constituição Europeia», que favorecia a fusão dos Tratados num único documento, o Tratado de Lisboa mantém a autonomia formal dos dois Tratados: TUE e TFUE. Para uma visão geral do Tratado de Lisboa, cf. Miguel Gorjão Henriques, ob. cit., pp. 105 e ss. e Paulo de Pitta e Cunha, *Da crise internacional às questões europeias, Estudos diversos,* Tipografia Guerra, Lisboa 2009, pp. 90-115.

Tratados; é concedida aos Estados-membros a possibilidade de se retirarem da União e opera-se a renovação de algumas competências das instituições europeias[17], sendo expandida e consolidada a sua capacidade de atuação.

Quanto à questão da (dupla) legitimidade da União Europeia, importa recordar que esta se funda numa união de Estados e de cidadãos (art.º 1º do TUE). Como afirmava Jean Monnet; nos primórdios da construção europeia: "Nous ne coalisons pas des États, nous unissons des hommes"[18]. Há, pois, uma dupla legitimidade da União, que obriga a equilíbrios institucionais, designadamente entre o Conselho e o Parlamento. Por um lado, os Estados atribuem competências à União (art.º. 5º) e pretendem ser tratados de forma igual nessa mesma União (e daí a regra da unanimidade). Por outro lado, os cidadãos passam a estar no centro (do direito) da União, como aliás transparece da jurisprudência do Tribunal, quando estabelece que a cidadania europeia deve ser considerada o estatuto fundamental dos nacionais dos Estados-Membros[19].

Com o Tratado de Lisboa procura-se reforçar a legitimidade da União, quer clarificando a repartição de competências entre os Estados e a União – uma vez que o TFUE passa a incluir um elenco de competências exclusivas da União (art. 3º), bem como um elenco de competências partilhadas, ou concorrentes, entre a União e os Estados-Membros (art.º 4º), referindo ainda o art.º 6º do mesmo Tratado que a União dispõe, em certos domínios, de "competência para desenvolver ações destinadas a apoiar, coordenar ou completar a ação dos Estados-Membros" –, quer alargando a proteção dos cidadãos europeus, designadamente, através da atribuição de carácter obrigatório à Carta dos Direitos Fundamentais da União Europeia.

Em aberto continua, no entanto, a discussão quanto à natureza da União Europeia, em parte porque se persiste em partir da contraposição, feita

[17] A generalidade da doutrina –cf., por todos, P.S.R.F. Mathijsen, *A Guide to European Law*, London, Sweet &Maxwell, 2004, p. 51 – distingue instituição comunitária de órgão comunitário, pelo facto de as primeiras poderem adotar atos vinculativos e os seus membros serem eleitos no contexto nacional, como sucede no caso do Parlamento Europeu, ou serem designados pelos governos dos Estados membros ou pelo Conselho.

[18] Discurso feito em Washington, em 30 de Abril de 1952, cf. http://www.ajmonnet.eu/index.php?option (20 de Janeiro de 2011).

[19] Sobre esta questão, cf. Sofia Oliveira Pais, "Comentário ao acórdão Baumbast", *in Princípios Fundamentais de Direito da União Europeia Uma abordagem jurisprudencial*, Almedina, 2010, pp. 297 e ss.

pela doutrina, sempre de forma meramente aproximativa, e em certa medida discutível (uma vez que a ideia de soberania como conceito inerente ao de Estado é cada vez mais contestada)[20], entre Estado federal (ou Federação)[21] e Confederação. Tradicionalmente são apontadas as seguintes diferenças: (1) A Confederação nasce de um tratado internacional, já o Estado federal funda-se numa constituição (que pode geralmente ser alterada por maioria qualificada); (2) A Confederação é uma organização internacional, uma associação de Estados soberanos, ao passo que num Estado federal as entidades federadas (Estados) perderam parte dos seus poderes soberanos, nomeadamente competências externas, como por exemplo a manutenção da paz, as quais passaram a ser detidas pelo Estado federal; ou seja, coexiste um poder central, com poder legislativo e para o qual são (progressivamente) transferidas competências, com entidades federadas, que também têm competências normativas (é um modelo que permite transferir determinadas competências para um poder central, através de um sistema de repartição vertical de competências, com a respectiva divisão de responsabilidades – questão essencial, de difícil resolução, nos estudos clássicos dedicados ao federalismo[22] –, e, simultaneamente

[20] Como referia Francisco Lucas Pires –cf. *A revolução europeia*, publicado pelo Parlamento Europeu, ob. cit., p. 83 – o Estado-Nação é um produto histórico, e, hoje, está em curso a erosão dos elementos que eram considerados típicos: povo (a erosão "do suporte humano" é fruto, nomeadamente, das vagas de emigração e do pluralismo informativo, cultural e educativo, levando a que o "excluído, mais do que o estrangeiro", fosse "o marginal da mundialização"), território (este tornou-se "património cultural, espaço económico, ambiente ecológico" e perdeu "a sua força de inclusão e exclusão humana", além disso enquanto "lugar de coabitação de outras soberanias" tornou-se, ele próprio *plural*) e soberania (uma vez que as novas organizações internacionais "recebem transferências significativas da soberania dos Estados", estes últimos ficam, cada vez mais, inibidos do exercício das tradicionais prerrogativas associadas à noção de soberania). Para um estudo aprofundado deste tema, alertando para as diferentes perspetivas de soberania, cf. José Alberto Azeredo Lopes, *Entre solidão e intervencionismo Direito de autodeterminação dos povos e reações de Estados terceiros*, Publicações Universidade Católica, 2003, sobretudo pp. 291 e ss.

[21] Note-se que na literatura jurídica os conceitos são frequentemente utilizados de forma indistinta, cf. Charles Leben, "Fédération d'Etats-nations ou Etat fédéral?", *Jean Monnet Working Paper* nº 7/00, p. 8, disponível em www. centers.law.nyu.edu/jeanmonnet/papers/.

[22] Como referem Tanja A. Börzel e Thomas Risse, há vários modelos de federalismo. Destacam-se o do 'federalismo dualista', seguido nos Estados Unidos (e que foi sendo temperado), com reconhecimento de competências exclusivas a cada um dos atores políticos (Estado federal/entidades federadas), modelo difícil de seguir na União dado o número de competências

integram-se as entidades federadas, mantendo a sua autonomia cultural e/ou política[23]); (3) Os Estados podem retirar-se da Confederação ao contrário do que se passa num Estado federal; (4) As instituições na Confederação são geralmente constituídas por representantes dos governos associados, que se reúnem periodicamente, ao passo que as instituições federais têm carácter permanente, operando-se geralmente a divisão tradicional em poder legislativo, executivo e judicial; (5) As decisões da Confederação são geralmente votadas por unanimidade, já o direito federal segue, em princípio, a regra da maioria; (6) O direito confederal não tem primazia sobre os direitos dos Estados e tem de ser recebido nesses ordenamentos, enquanto o direito federal prevalece sobre o das entidades federadas e é diretamente aplicável; (7) O orçamento da Confederação resulta das contribuições voluntárias dos Estados, já terá um orçamento próprio o Estado federal; (8) Os conflitos de competências são regulados num Estado federal pelo Tribunal Federal, ao passo que numa Confederação as soluções serão interestaduais; (9) Nas Confederações as normas têm como destinatários apenas os Estados, ao passo que no Estado federal é criado um novo vínculo jurídico de "cidadania federal" e as normas federais podem ser invocadas pelos cidadãos[24].

partilhadas; e o "federalismo cooperativo", da Alemanha, com reforço das competências do poder central e uma maior partilha de competências, motivada, entre outros fatores, pela "propensão uniformizadora que emerge nas entidades federais, ao lançamento de programas de redistribuição financeira que implicam a adoção pelos Estados de modelos impostos pelo poder central, à impossibilidade de manter absoluta separação entre os níveis de atuação federal e estadual, até à pressão empresarial para a superação das diferenças regulatórias nos ordenamentos federados" (Goucha Soares, ob. cit., p. 113). No "federalismo cooperativo" sendo a maiorias das competência partilhadas, a autonomia dos Estados é reduzida e é compensada por uma forte intervenção a nível federal; apesar destas características poderem apontá-lo como um modelo para a União, existem igualmente algumas limitações, cf. Tanja A. Börzel e Thomas Risse, cf. "Who is Afraid of a European Federation? How to Constitutionalise a Multi-Level Governance System", *Jean Monnet Working Paper*, nº 7/2000, pp. 9 e ss.

[23] Tanja A. Börzel e Thomas Risse,ob. cit., pp. 3 e ss.

[24] Note-se que estas características nem sempre se verificam de modo cumulativo. Há, pois, várias exceções às regras indicadas. Refira-se, por exemplo, o caso do Canadá em que a revisão da constituição, em certos domínios, exige unanimidade. Para uma visão mais detalhada das diferenças entre estes dois modelos, cf. François-Xavier Priollaud e David Siritzky, *Le traité de Lisbonne – Texte et commentaire article par article des noveaux traités européens (TUE-TFUE)*, La documentation française, Paris, 2008, pp. 30 e ss.; António Goucha Soares, *A União Europeia*, Almedina, 2006, pp. 97 e ss.

Nesta perspetiva, a União Europeia seria *mais* do que uma confederação – a União tem instituições permanentes, sendo a maioria das normas adotados pelo processo de codecisão e a sua interpretação e apreciação de validade é da competência exclusiva do Tribunal de Justiça[25]; as normas da União podem ter efeito direto e têm primazia sobre o direito dos Estados-Membros; a finalidade dos 'pais fundadores da União' era criar uma 'Federação Europeia'[26], uma espécie de "Estados Unidos da Europa"[27]; a União dispõe de um orçamento próprio desde 1970, tendo competências quanto à moeda única, polícia e justiça; a cidadania europeia tornou-se (ou está em vias de se tornar) o estatuto fundamental dos nacionais dos Estados-membros –, mas *menos* do que um Estado federal: os Estados conservam a última palavra, pois os Tratados da União só podem ser revistos por unanimidade; os Estados-Membros têm o direito de se retirar da União (e a nova redação do art.º 48º nº 2 do TUE permite "reduzir as competências atribuídas à União", *renacionalizando-as)*[28]; o orçamento é limitado e não há exército europeu, dependendo a União dos Estados.

Por outras palavras, não se enquadrando nos modelos clássicos – nomeadamente, com os argumentos de que a União não tem Constituição, *demos* europeu, ou legitimidade social[29], ou, pelo contrário, alegando-se que tem um "excesso" de legitimidade e uma constituição – a União Europeia acabou por ser apelidada de *objeto político não identificado*[30], *organização supranacional sui generis*, *união de Estados soberanos* que, por via pactícia e com fundamento nas respectivas constituições, decidiram exercer em

[25] Lucas Pires, *A revolução europeia...*, ob. cit., pp. 29 e ss

[26] Discurso de Joschka Fischer, proferido em Berlim em 12 de Maio de 2000, cf. http://www.senat.fr/europe/avenir_union/fischer_052000.pdf.

[27] Expressão utilizada por Winston Churchill no discurso pronunciado em Zurique, a 19 de Setembro de 1946, cf. *60 anos de Europa – Os grandes textos de construção europeia*, Publicação do Gabinete em Portugal do Parlamento Europeu, Europress Lda, Novembro 2008, p. 15.

[28] Expressão de Araceli Mangas Martín, *apud* Maria José Rangel Mesquita, *A União Europeia após o Tratado de Lisboa*, Almedina, 2010, p. 40, nota 128.

[29] Por exemplo, Lucas Pires afirmava que a "Europa não será um Estado federal porque não há um povo europeu, não há território europeu", cf. *Revolução...*, ob. cit., p. 50

[30] Foi esta a expressão utilizada por Jacques Delors para descrever a União, cit., por Priollaud e Siritzky, cf. ob. cit., p. 31.

comum os respectivos poderes de soberania[31], e ainda, designação que consideramos preferível neste momento, *Federação Europeia emergente*[32].

Recentemente, têm surgido os conceitos de *pluralismo constitucional* – para referir a existência de uma pluralidade de fontes constitucionais[33], susceptíveis de gerar conflitos, a resolver sem recurso ao critério da hierarquia[34] – e de *multilevel governance*[35], para definir um modelo em que o poder e

[31] María Luísa Duarte, ob. cit., p. 87.

[32] Para J. Fischer a "Federação Europeia" deve fundar-se num tratado 'constitucional' que divida a soberania entre os Estados e as instituições europeias, cf. *Discurso proferido em Berlim*, ob. cit. Apesar desta proposta ter a vantagem de se distanciar da dicotomia clássica Confederação/Estado federal, a verdade é que a solução defendida ainda se apresenta algo vaga. Para Tanja A. Börzel e Thomas Risse, "Who is Afraid of a European Federation? How to Constitutionalise a Multi-Level Governance System", *Jean Monnet Working Paper*, nº 7/2000, pp. 9 e ss., a União já é uma Federação *emergente*, discutível será a questão de saber qual o modelo de federalismo preferível, inclinando-se os autores para o federalismo cooperativo. Entre nós, Fausto Quadros, apesar de afirmar claramente que o "Direito Comunitário não é um Direito Federal", considera que tal direito "já apresenta alguns claros traços federais" ob. cit., pp. 332 e 337.

[33] Sendo a constituição vista como limite ao poder , garante de direitos fundamentais e fonte de promoção do bem comum, cf. AAVV, "Quatro visões do pluralismo constitucional" in *Revista Europeia de Estudos Jurídicos, 2008, 1 p. 325*

[34] Neil MacCormick, "Beyond the sovereign state", *Modern Law Review*, 1993, nº 56, pp. 1 e ss., e Miguel Poiares Maduro, *A Constituição Plural. Constitucionalismo e União Europeia*, Principia, Estoril/Cascais, 2006, pp. 17 e ss. Note-se que, como sublinha Neil Walker, "Constitutionalism and pluralism in global context", in M. Avbelj e J. Komarek, *Constitutional Pluralism in the European Union and Beyond* (Oxford: Hart), 2012 (no prelo), os conceitos de constitucionalismo (ligado a uma ideia de unidade, indivisibilidade e autoridade, geralmente sob a forma de Estado) e de pluralismo (ligado à ideia de multiplicidade, diversidade e inexistência de hierarquia) são difíceis de conciliar; e daí que uma das limitações dessa teoria, segundo o mesmo autor, seja precisamente o risco das teorias do pluralismo constitucional conduzirem a um constitucionalismo monista; ou seja, a lógica constitucional conduziria à unidade e à hierarquia.Também, Jan Komárek, cf. "The legal world beyond the state: constitutional and pluralist?", apresentado na conferência, *'Constitutionalism in a New Key?: Cosmopolitan, Pluralist and Public Reason Oriented'*, Berlin, 28 and 29 January 2011, no painel 'Constitutionalism and the Legal World Beyond the State", sublinha que no pluralismo constitucional europeu a legitimidade da União reside em última intância na auto-limitação das constituições nacionais, isto é, refere o 'princípio da tolerância constitucional' de Weiler para explicar que é a tolerância dos Estados face à autoridade (europeia) que os transcende. Discute-se ainda se a questão do pluralismo constitucional europeu não será apenas uma nova designação para velhas querelas discutidas no contexto do federalismo da União.

[35] Tanja A. Börzel e Thomas Risse, ob.cit., pp. 9 e ss, e ainda John McCormick, *The European Union Politcs and Policies*, Westview Press, 2004, p.25

a capacidade de ação são partilhados, em vez de divididos, entre os diferentes níveis de decisão (supranacional, nacional, regional e local) existentes na União Europeia; ou seja, afasta-se uma visão hierarquizada das competências e parte-se do conceito de soberania partilhada[36], ou mesmo de soberanias concorrentes[37]. Nesta perspetiva, a União Europeia apresenta uma legitimidade plural, apoiada numa multiplicidade de "atores jurídicos e sociais", como os particulares e os tribunais nacionais (aliás, seria a cooperação com as comunidades jurídicas nacionais e, em especial, a forma como os tribunais nacionais influenciam a interpretação e aplicação do direito da União que levou Poiares Maduro, entre outros, a defender que se trata de uma legitimidade construída de forma "ascendente", isto é, de baixo para cima)[38].

Por outro lado, também nesta perspetiva se mantém o problema de saber quem tem a última palavra na organização jurídico-política de uma sociedade, isto é, quem tem a *kompetenz-kompetenz*, existindo um conflito. Como é sabido, e de forma simplificada, existem duas visões opostas: para o Tribunal de Justiça, os Tratados são *a norma fundamental*, que funciona como parâmetro de validade de todas as outras, ao passo que para os Tribunais Constitucionais, de alguns Estados-Membros, deve ser dada primazia às Constituições nacionais, em caso de conflito com uma norma da União, quanto mais não seja em certos domínios considerados fundamentais. Para a resolução destes conflitos têm, em todo o caso, sido apresentadas várias propostas, nomeadamente, solucionar os problemas no contexto do direito internacional público[39], criar um novo Tribunal que integrasse juízes constitucionais e da União[40], ou atribuir a decisão final aos tribunais

[36] Tanja A. Börzel e Thomas Risse,ob. cit., pp. 3 e ss.

[37] Miguel Poiares Maduro, *A Constituição Plural. Constitucionalismo e União Europeia,* Principia, 2006, p. 35.

[38] Cf. Miguel Poiares Maduro, ob. cit., pp. 31 e ss., que defende ainda o diálogo entre os tribunais nacionais dos vários ordenamentos jurídicos, ou seja, além da relação vertical – Tribunal de Justiça – tribunal nacional –, devem ser construídas relações horizontais entre os tribunais nacionais dos vários Estados-Membros que permitam aprofundar o conhecimento do direito da União; este seria um "direito contrapontual" (baseado no direito constitucional e não internacional), feito de diálogo entre os vários ordenamentos jurídicos, entre os quais não há uma relação hierárquica.

[39] Neil MacCormick, "Risking Constitutional Collision in Europe?", *Journal of Oxford legal Studies,* 1998, 18, pp. 517 e ss.

[40] Assim J.H.H.Weiler,"The European Union belongs to Its Citizens: Three Immodest proposals", *European Law Review,* 1997, 22, pp.150 e ss.

constitucionais nacionais, quando existisse um "conflito sistémico entre o ordenamento jurídico europeu e a identidade da constituição"[41].

Feito este breve périplo pelo processo de integração europeia, iremos agora abordar algumas das alterações mais significativas introduzidas pelo Tratado de Lisboa ao Tratado da União Europeia e ao Tratado sobre o Funcionamento da União Europeia, nomeadamente, a nível das fontes de direito e processos de decisão na União e quanto ao funcionamento e competências das instituições, alterações estas que, sem revolucionarem o quadro institucional existente, contribuem, em todo o caso, para uma maior transparência na sua atuação.

2. FONTES DE DIREITO DA UNIÃO EUROPEIA E PROCESSOS DE DECISÃO

A doutrina[42] distingue geralmente entre direito primário ou originário e direito derivado ou secundário. O direito primário abrange, desde logo, as disposições dos Tratados iniciais e as dos Tratados que os alteraram[43], bem como protocolos e anexos aos Tratados, e ainda a Carta dos Direitos Fundamentais da União Europeia.

Os Tratados – TUE e TFUE –, constituindo nas palavras do Tribunal de Justiça a 'carta constitucional' da União[44], têm o mesmo valor jurídico[45] e encontram-se no topo da hierarquia das normas. O TUE institui a União Europeia, que substitui e sucede à Comunidade Europeia[46], e contém disposições relativas aos princípios democráticos, instituições, cooperações reforçadas, ação externa da União e política externa e de segurança comum. Já o TFUE "organiza o funcionamento da União e determina os domínios e as regras de exercício das suas competências" (art.º 1º, n.º 1, do TFUE).

[41] Poiares Maduro, ob. cit., loc. cit.

[42] Cf., por todos, Wyatt e Dashwood's, *European Union Law*, Hart Publishing, Oxford, 2011, p. 23 e Miguel Gorjão Henriques, ob. cit., pp. 307 e ss.

[43] Hoje Tratado da União Europeia, Tratado sobre o Funcionamento da União Europeia e Tratado da Comunidade Europeia da Energia Atómica.

[44] Acórdão *Os Verdes*, de 23 de Abril de 1986, proc. C-294/83.

[45] Art.º 1º do TFUE.

[46] Art.º 1º do TUE.

O valor hierarquicamente superior dos Tratados, apesar de não ser afirmado expressamente em nenhuma disposição dos Tratados, resulta dos artigos 19º, do TUE, e 263º, do TFUE, que conferem ao Tribunal competência para anular os atos das instituições que violem os Tratados, bem como do art.º 218º , n.º 11, do TFUE, que permite ao Tribunal apreciar a compatibilidade de um projeto de acordo internacional com os Tratados. O artigo 218º do TFUE estabelece, assim, o procedimento regra[47] a seguir pela União quando celebra acordos internacionais com Estados terceiros ou organizações internacionais[48].

A existência de disposições incompatíveis nas Convenções, celebradas anteriormente entre os Estados-Membros e entre estes e Estados terceiros, com os Tratados da União, deve ser eliminada, nos termos do art.º 351º do TFUE[49]. Já se tais Convenções são posteriores à entrada em vigor dos Tratados da União não poderão ser invocadas e os Estados infratores podem ser alvo de uma ação por incumprimento[50]. Refira-se, por fim, que, com a entrada em vigor do Tratado de Lisboa, ao lado do processo

[47] Sem prejuízo da aplicação de regras mais exigentes quanto aos acordos de associação – cf. art.ºs 218º, nº 6 e 217º do TFUE, ou do procedimento especial do artigo 217º do mesmo Tratado, quanto a acordos cambiais entre a União e terceiros Estados.

[48] São várias as etapas previstas no art. 218º, a saber: (1) O processo começa com o início formal das *negociações*, concedido pelo Conselho sob a recomendação da Comissão (eventualmente depois de terem sido desenvolvidos contactos informais); note-se que na PESC é o Alto Representante que faz a recomendação e depois negoceia; note-se ainda que, com exceção do artigo 207.º, nº 3 do TFUE, relativo a acordos comerciais, que atribui à Comissão o papel de negociador, nos restantes casos é o Conselho que designa o negociador; (2) Concluída a negociação, o Conselho adota a decisão que autoriza a *assinatura* do acordo, e, se for caso disso, a sua aplicação provisória antes da respectiva entrada em vigor; (3) Finalmente, o acordo é *concluído*, adotando o Conselho uma decisão de celebração do acordo (note-se que entre a segunda fase -da assinatura do projeto de acordo – e a terceira -da celebração do Tratado, o TJ pode ainda ser chamado a dar o seu parecer nos termos do art.º 218º do TFUE). A regularidade do processo depende, ainda, de terem sido cumpridas todas as formalidades em relação ao Parlamento Europeu – este é informado em todas as fases do processo, e em certos casos, referidos no artigo 218º, do TFUE, é necessária a sua aprovação e noutros o seu parecer – e de não existir um parecer negativo do Tribunal nos termos já referidos.

[49] Ou seja, podem ser denunciadas ou renegociadas.

[50] Observe-se que os Tratados atribuem competência aos representantes dos governos dos Estados para decidirem de comum acordo, quando reunidos no seio do Conselho. Este método de cooperação intergovernamental é visível no caso da nomeação de certas instituições e órgãos (art.ºs 253º e 254º do TFUE) ou a sede das instituições (art.º 341º TFUE).

de revisão ordinário (art. 48º do TUE)[51], surgem os processos especiais, como o processo de revisão simplificado[52], e as cláusulas passarelas gerais[53] que facilitam a revisão, dispensando a intervenção, nomeadamente, dos parlamentos nacionais.

Além dos Tratados, integra igualmente o direito originário a Carta dos Direitos Fundamentais da União Europeia. Esta, apesar de ter sido proclamada em 7 de Dezembro de 2000, só se tornou obrigatória com a entrada em vigor do Tratado de Lisboa, conferindo certeza e coerência aos direitos fundamentais da União, antes dispersos por várias fontes[54].

[51] No processo de revisão ordinário, nos termos do art.º 48º nºs 2 a 5 do TUE, a iniciativa para a apresentação de projetos de revisão cabe a qualquer Estado-Membro, Parlamento, ou Comissão, sendo tais projetos enviados pelo Conselho ao Conselho Europeu e notificados aos Parlamentos Nacionais. O Conselho Europeu, após consulta ao Parlamento Europeu e à Comissão pode convocar, ou não (se as alterações aos Tratados não justificarem), uma convenção (composta por representantes dos Parlamentos nacionais, dos Chefes de Estado ou de Governo dos Estados-Membros, do Parlamento Europeu e da Comissão). A Convenção (em certos casos depois da consulta ao Banco Central Europeu) adota por consenso uma recomendação dirigida a uma Conferência de Representantes dos Governos dos Estados-Membros, que decide as modificações a introduzir nos Tratados. As alterações têm de ser ratificadas por todos os Estados-Membros; se no prazo de dois anos só quatro quintos dos Estados as ratificarem, o Conselho Europeu analisa a questão com vista a uma solução. Refira-se, por fim, que apesar de certa doutrina defender que os Tratados podem ser modificados existindo consenso entre os Estados, sem ser observado o processo do art.º 48º, o Tribunal parece entender ser necessária a observância de tal norma (cf. acórdão *Defrenne I*, de 8 de Abril de 1976, proc. 43/75).

[52] À luz do artigo 48º, n.º 6, do TUE, o governo de qualquer Estados-Membro, o Parlamento Europeu ou a Comissão podem apresentar ao Conselho Europeu projetos de revisão da Parte III do TFUE. O Conselho Europeu decide por unanimidade, depois de consultar o Parlamento Europeu e a Comissão, e em certas matérias o Banco Central Europeu, devendo tal decisão ser aprovada pelos Estados-Membros.

[53] Nos termos do art.º 48º, n.º 7, do TFUE, o Conselho Europeu pode decidir por unanimidade, e após aprovação do Parlamento Europeu, autorizar o Conselho a deliberar por maioria qualificada (em vez da unanimidade prevista no TFUE ou no título V do TUE), salvo decisões no domínio militar ou da defesa, ou a adotar atos pelo processo legislativo ordinário (em vez do processo legislativo especial previsto no TFUE). Para o efeito é preciso que não se verifique a oposição de um Parlamento nacional no prazo de 6 meses.

[54] De facto, tais direitos abrangem os direitos fundamentais referidos na CEDH e nas tradições constitucionais comuns dos Estados-Membros, os direitos fundamentais dos cidadãos da União e ainda os direitos económicos e sociais referidos na Carta Social Europeia e na Carta Comunitária dos Direitos Sociais Fundamentais dos Trabalhadores.

Por fim, importa referir os princípios gerais de direito da União. Apesar de os Tratados inicialmente não lhes fazerem menção expressa (exceto no art.º 340º do TFUE), tais princípios foram sendo construídos pela jurisprudência do Tribunal a partir de princípios comuns aos Estados-Membros[55], que não se revelassem incompatíveis com a finalidade e os objetivos da União[56], tendo alguns deles sido incorporados, com o decorrer do tempo, no texto dos próprios Tratados[57]. Esses princípios impõem-se quer às instituições da União, quer aos Estados-Membros, quando atuam dentro do campo de aplicação da União, sendo hierarquicamente superiores ao direito derivado, pois, como esclarece o Tribunal, os "princípios gerais de direito comunitário situam-se num patamar constitucional"[58].

Numa posição hierarquicamente inferior aos Tratados (mas superior aos atos unilaterais das instituições) encontram-se os acordos internacionais celebrados pela União com países terceiros ou organizações internacionais, tal como resulta dos artigos 216º, n.º 2, e 218º, nº 11, do TFUE.

Na base da pirâmide hierárquica das fontes de direito da União está o direito derivado ou secundário. Trata-se de atos unilaterais adotados pelas instituições da União, previstos nos Tratados. Note-se que o art.º 13º, do TUE, consagra o princípio das competências atribuídas, nos termos do qual as instituições da União só podem adotar os atos unilaterais quando tal competência esteja prevista nos Tratados. Além disso, o artigo 296º,

[55] Note-se que o direito interno é pois uma "fonte privilegiada" de tais princípios, não sendo em todo o caso necessário que o princípio seja proclamado em todos os Estados-Membros; basta que não exista oposição por parte dos restantes (assim, Jean Paul Jacqué, *Droit institutionnel de l'Union Européenne*, 6e ed., Dalloz, pp. 504-505).

[56] Daí que, como refere Jean Paul Jacqué, ob. cit., pp. 504, 512-513, não tenham sido transpostos para a União certos princípios gerais de Direito Internacional. Tal seria o caso do princípio da reciprocidade (e a respectiva *exceptio non adempleti contractus*), uma vez que na União os Estados são os destinatários das normas adotadas pelas instituições da União, cujo incumprimento é sancionado nos termos previstos pelo Tratado, não podendo cada Estado "fazer justiça por si mesmo". Por outro lado, os princípios gerais de direito, na medida em que têm de estar de acordo com o ordenamento jurídico da União, à partida não entrarão em conflito com os Tratados. Na prática podem surgir conflitos, abordados, não enquanto conflitos de normas a hierarquizar, mas como direitos a compatibilizar, se possível (refira-se, por exemplo, o caso *Schmidberger*, de 12 de Junho de 2003, proc. C-112/00, no qual se discutiu o conflito entre o direito de manifestação e a livre circulação de mercadorias).

[57] Veja-se, por exemplo, o artigo 5º do TUE relativo ao princípio da subsidiariedade.

[58] Acórdão *Audiolux* de 15 de Outubro de 2009, proc.C-101/08.

do TFUE, esclarece que as instituições abster-se-ão "de adotar atos não previstos pelo processo legislativo aplicável no domínio visado", e só quando os Tratados não determinem o tipo de ato a adotar, é que "as instituições escolhê-lo-ão, caso a caso, no respeito dos processos aplicáveis e do princípio da proporcionalidade" (sendo certo que a natureza do ato não depende da designação formal, feita pela instituição, mas do seu conteúdo, objeto e efeito, podendo mesmo ser requalificado pelos Tribunal de Justiça)[59]. Acresce que os atos jurídicos devem ser, nos termos da mesma disposição, fundamentados e fazer referência "às propostas, iniciativas, recomendações, pedidos ou pareceres previstos pelos Tratados", sob pena de nulidade, por vício de violação de uma formalidade essencial, nos termos do artigo 263º do TFUE. Já a falta de notificação ou publicação tornará, apenas, o ato ineficaz[60].

Antes da entrada em vigor do Tratado de Lisboa, cada um dos Tratados – TUE, TCE e TCEEA – adotava a sua própria nomenclatura de atos de direito derivado. A partir de 1 de Dezembro de 2009, o artigo 288º do TFUE (ex-artigo 249º do TCE) refere como atos típicos de direito derivado, os regulamentos, as diretivas e as decisões, vistos como atos vinculativos, e ainda as recomendações e pareceres, referidos como atos não vinculativos; a estes acrescem os atos atípicos (por exemplo, comunicações ou declarações). Desapareceram, a partir dessa data, as referências à estratégia comum, ação comum e posição comum (atos que existiam no domínio

[59] Cf. acórdão de 15 de Julho de 1963, *Plaumann & Co. contra Comissão da Comunidade Económica Europeia*, processo 25-62.

[60] O art.º 297.º, n.º1, do TFUE dispõe: "Os atos legislativos adotados de acordo com o processo legislativo ordinário são assinados pelo Presidente do Parlamento Europeu e pelo Presidente do Conselho. Os atos legislativos adotados de acordo com um processo legislativo especial são assinados pelo Presidente da instituição que os adotou. Os atos legislativos são publicados no *Jornal Oficial da União Europeia*. Entram em vigor na data por eles fixada ou, na falta desta, no vigésimo dia seguinte ao da sua publicação".O n.º 2 da mesma disposição refere inicialmente que "os atos não legislativos adotados sob a forma de regulamentos, de diretivas e de decisões que não indiquem destinatário são assinados pelo Presidente da instituição que os adotou. Os regulamentos, as diretivas dirigidas a todos os Estados-Membros, bem como as decisões que não indiquem destinatário, são publicados no *Jornal Oficial da União Europeia*. Entram em vigor na data por eles fixada ou, na falta desta, no vigésimo dia seguinte ao da sua publicação". O nº 2 parte final, da mesma disposição, acrescenta que "as outras diretivas e as decisões que indiquem um destinatário são notificadas aos respectivos destinatários, produzindo efeitos mediante essa notificação" (ainda que na prática sejam geralmente publicadas no JOUE a título informativo).

da PESC), bem como à decisão quadro (mencionada anteriormente no contexto da cooperação policial e judiciária em matéria penal).

O regulamento da União, referido em primeiro lugar no art. 288º do TFUE, visa uniformizar a legislação dos Estados e corresponde, se quisermos fazer um paralelismo com as fontes de direito interno, à lei dos Estados-Membros. Tem as seguintes características: (1) apresenta carácter geral, isto é, trata-se de um ato normativo, geral e abstrato, tal como a lei nos ordenamentos dos Estados-Membros; aplica-se a categorias abstratas de pessoas (particulares ou Estados), determinadas a partir de critérios objetivos, e tem efeitos *erga omnes*; (2) é obrigatório em todos os seus elementos, não podendo ser aplicado de forma incompleta ou seletiva pelos Estados-Membros; (3) e é diretamente aplicável em todos os Estados-Membros, isto é, aplica-se de forma simultânea e uniforme em toda a União, sem ser necessária a sua recepção pelo direito interno.

As diretivas, por seu turno, são atos *sui generis*, que visam harmonizar a legislação dos Estados-Membros. As diretivas obrigam os seus destinatários –Estados-Membros – quanto ao resultado a alcançar, deixando-lhes liberdade quanto à forma e meios de transposição para o direito interno; ou seja, os Estados devem transpor as diretivas para o seu ordenamento interno, no prazo fixado geralmente na própria diretiva, ficando obrigados a notificar à Comissão as medidas de transposição (e, dessa forma, distinguem-se dos regulamentos, que são diretamente aplicáveis)[61]. Note-se que, no ordenamento jurídico português, as diretivas têm de ser transpostas por lei, decreto-lei ou decreto-legislativo regional (art. 112º, n.º 8, da CRP)[62]. Por outro lado, muitas diretivas são de tal forma precisas e detalhadas que reduzem a margem de apreciação dos Estados. Nestes casos, se a diretiva não for transposta no prazo, e contiver disposições "claras, precisas e incondicionais", que atribuam direitos aos particulares, poderão ser invocadas

[61] Note-se que se o Estado já dispunha de legislação nacional, que cumpria os objetivos da diretiva, apenas tem de notificá-la à Comissão, cf. acórdão de 28 de Fevreiro de 1991, *Comissão c. Alemanha*, proc. 131/88.

[62] Solução que se revela mais exigente do que a fixada pelo Tribunal nos acórdãos *Comissão c. Bélgica* de 6 de Maio de 1980, proc.102/79 e *Comissão c. Itália* de 11 de Novembro de 1999, proc. C-315/98, nos termos da qual apenas ficava afastada a possibilidade de transposição da diretiva ser feita por circulares ou outras práticas administrativas, por natureza livremente modificáveis por vontade da administração e desprovidas da publicidade adequada (não cumprindo as exigências de segurança jurídica).

por estes contra o Estado, num tribunal nacional (trata-se da aplicação do princípio do efeito direto vertical das diretivas, afirmado, nomeadamente, nos acórdãos *Van Duyn e Ratti*[63]); isto, sem prejuízo de, no plano da União, a Comissão intentar uma ação por incumprimento contra o Estado, no Tribunal de Justiça (art. 258º do TFUE).

O conceito de decisão (ao contrário das noções de regulamento e diretiva, que não foram alteradas com a entrada em vigor do Tratado de Lisboa) foi alargado, a partir de 1 de Dezembro de 2009. As decisões da União abrangem os atos individuais, obrigatórios em todos os seus elementos, para os destinatários visados – Estados-Membros ou particulares –, sendo especialmente utilizadas no domínio da concorrência, e ainda (com a nova redação do artigo 288º, quarto parágrafo, do TFUE) atos que não têm destinatários individualizados. Com este conceito alargado, as decisões[64] substituem as antigas ações comuns e posições comuns no domínio da PESC (artigos 25º e 31º do TUE). Note-se que no domínio da PESC ficou excluída a adoção de atos legislativos, estando tal política sujeita a regras e procedimentos específicos (cf. art.os 24º e ss do TUE)[65], sendo, em princípio excluída a competência do Tribunal nesse domínio (veja-se, no entanto, o artigo 275º do TFUE).

As recomendações e os pareceres, adotados pelas instituições da União, "não são vinculativos", nos termos do artigo 288º do TFUE, pelo que, em princípio, não podem ser objeto de recurso para os tribunais da União, ainda que possam servir para fornecer certas indicações ao tribunal,

[63] Acórdãos de 4 de Dezembro de 1974, *Van Duyn*, proc. 41/74 e de 5 de Abril de 1979, *Ratti*, proc. 148/78.

[64] As decisões, na PESC, são geralmente tomadas pelo Conselho Europeu ou pelo Conselho por unanimidade. Veja-se, no entanto, o art.º 31º, e nomeadamente a possibilidade aí prevista de passagem da unanimidade para maiora qualificada através da dita passerela. Refira-se ainda a manutenção da figura da 'abstenção construtiva' (isto é, o Estado acompanha a abstenção de uma declaração formal que anuncia não ser obrigado a aplicar a decisão, mas reconhece que ela vincula a União), no artigo 31º, nº 1 , segundo parágrafo do TUE. Observe-se por fim que o artigo 31º nº 2 também permite ao Estado invocar 'razões vitais e expressas de politica nacional' para impedir a adoção da decisão por maioria qualificada.

[65] A iniciativa do processo é dos Estados ou do Alto Representanto (art. 30 nº 1 TUE, eventualmente com o apoio da Comissão); o Parlamento é informado, pode colocar questões e dirigir recomendações ao Conselho ou Alto Representante, nos termos do art.º 36º do TUE. A negociação é feita por grupos de trabalho do Conselho e é apreciada pelo Comité Político e de Segurança (art. 38º do TUE), sendo a decisão final do Conselho ou Conselho Europeu.

aquando da interpretação de uma norma nacional ou da União[66]. As recomendações convidam geralmente à adoção de um certo comportamento, ao passo que os pareceres são opiniões sobre os mais diversos assuntos, adotados geralmente no contexto de um procedimento de decisão da União. Hoje é preciso ter em conta que certos pareceres das instituições da União são "vinculativos", no sentido que sendo dado um parecer negativo o ato não pode ser adotado (veja-se, por exemplo, o parecer do Tribunal de Justiça no contexto do art.º 218º, n.º 11, do TFUE, ou o parecer do Parlamento Europeu, nomeadamente, no âmbito do art.º 49º do TUE).

Com a entrada em vigor do Tratado de Lisboa, foi ainda introduzida a distinção entre atos legislativos, delegados e de execução.

Nos termos do artigo 289º, terceiro parágrafo, do TFUE, "os atos jurídicos adotados por processo legislativo constituem atos legislativos". E existem, como é sabido, dois processos de adoção de atos legislativos, desde 1 de Dezembro de 2009: o processo legislativo ordinário e os processos legislativos especiais.

O processo legislativo ordinário, previsto no art.º 294º do TFUE, é o processo-regra e corresponde ao processo de codecisão introduzido pelo TUE em 1992, o qual conferia competências legislativas, nomeadamente, ao Parlamento Europeu (que deixava assim de ter competências meramente consultivas), tendo o seu alcance sido estendido pelos Tratados seguintes e abrangendo atualmente a maior parte dos domínios[67]. Neste processo, para a adoção do ato é necessária a concordância de duas instituições: Parlamento Europeu e Conselho da União Europeia.

O processo legislativo ordinário abrange várias fases. Começa, desde logo, com uma *proposta* da Comissão apresentada ao Parlamento Europeu e ao Conselho. A Comissão detém, deste modo, praticamente, o monopólio da iniciativa legislativa[68], devendo a proposta ser devidamente fundamentada; ou seja, a Comissão tem de explicar a necessidade do ato, a escolha do tipo de ato (quando o Tratado o permita) e a adequação da medida proposta[69].

[66] Cf. acórdão *Grimaldi,* de 13 de Dezembro de 1989, proc. C-322/88.

[67] Note-se que desapareceu o processo de cooperação, introduzido pelo Ato Único Europeu.

[68] Observe-se que em casos previstos no Tratado o processo legislativo ordinário pode começar, nomeadamente, por iniciativa dos Estados-Membros (art.º 76º TFUE). Observe-se ainda que os projetos de atos legislativos são enviados para os Parlamento Nacionais, cf. infra 3.1.2.

[69] Por outras palavras, a Comissão deve respeitar, nomeadamente, o princípio da subsidiariedade e proporcionalidade, inscritos no art.º 5º do TUE.

Em seguida, numa *primeira leitura* o Parlamento Europeu estabelece a sua posição e, se o Conselho aprovar, o ato é adotado. A maioria das propostas são adotadas em primeira leitura, garantindo-se, designadamente, o objetivo de celeridade processual. Todavia, se o Conselho não aprovar, adota a sua posição e transmite-a ao Parlamento Europeu, sendo ainda informado da posição da Comissão.

Em *segunda leitura*, e no prazo de três meses (que pode ser prorrogado por mais um mês), o Parlamento Europeu pode: (1) aprovar a posição do Conselho, ou não pronunciar-se, e o ato é adotado; (2) rejeitar a posição do Conselho e o ato não é adotado; (3) propor emendas à posição do Conselho em primeira leitura, sendo ouvida a Comissão sobre o texto alterado. Depois, o Conselho, em segunda leitura pode: (1) aprovar as emendas e considera-se o ato adotado, devendo o Conselho votar por unanimidade se a Comissão tiver dado um parecer negativo sobre as emendas introduzidas pelo Parlamento Europeu; (2) não aprova as emendas e é convocado o Comité de Conciliação.

Em seguida o *Comité de Conciliação* (que reúne membros do Conselho, geralmente representantes dos Estados-Membros no seio do COREPER, do Parlamento Europeu e conta com a participação da Comissão nos seus trabalhos) procura, num prazo de seis semanas, chegar a acordo sobre um projeto comum; se não o conseguir, o ato não é adotado. Todavia, se apresentar tal projeto comum, é realizada uma *terceira leitura* pelo Parlamento Europeu e Conselho, sendo o ato adotado se chegarem a acordo.

Os *processos legislativos especiais*, por seu turno, abrangem, designadamente, os casos em que o Conselho da UE decide sozinho, geralmente depois da consulta, ou da aprovação, do Parlamento Europeu: veja-se, por exemplo, a adesão de novos Estados (art.º 49º do TUE) ou a adoção de medidas para combater a discriminação (art.º 19º nº1 do TFUE). Além destes, temos os processos legislativos especiais em que o Parlamento Europeu é o único a decidir, depois do parecer ou aprovação da Comissão, ou aprovação do Conselho; são, por exemplo, os casos em que adota regulamentos para estabelecer o estatuto e as condições gerais de exercício das funções dos deputados europeus (art. 223º do TFUE), regulamenta as regras de exercício do direito de inquérito (art. 226º do TFUE) e regulamenta o estatuto e condições de exercício das funções do Provedor de Justiça (art. 228º do TFUE).

Por contraposição, aos atos legislativos, serão *atos não legislativos* os adotados pelos Conselhos ou pela Comissão fora dos ditos processos legislativos;

por exemplo, nomeações de órgãos, decisões da Comissão Europeia no domínio da concorrência, etc.

O artigo 290º, por seu turno, refere a categoria de *atos delegados*, que podem ser adotados pela Comissão (habilitada a tal pelo legislador), isto é, "atos não legislativos de alcance geral que completem ou alterem certos elementos não essenciais do ato legislativo". Os atos legislativos devem, assim, delimitar "explicitamente os objetivos, o conteúdo, o âmbito de aplicação e o período de vigência da delegação de poderes", bem como "as condições a que a delegação fica sujeita"[70]; além disso "os elementos essenciais de cada domínio são reservados ao ato legislativo e não podem, portanto, ser objeto de delegação de poderes". Refira-se, ainda, que nos termos do n.º 3 da referida disposição "no título dos atos delegados é inserido o adjectivo "delegado" ou "delegada".

Quanto aos atos de execução, o art.º 291º, nº 1, do TFUE, estabelece que " os Estados-Membros tomam as medidas de direito interno necessárias à execução dos atos juridicamente vinculativos da União". Ou seja, o direito da União é também aplicado em grande medida através de medidas nacionais, em conformidade, nomeadamente, com o princípio da subsidiariedade. Por seu turno, o n. 2, da mesma disposição, dispõe: "Quando sejam necessárias condições uniformes de execução dos atos juridicamente vinculativos da União, estes conferirão competências de execução à Comissão ou, em casos específicos devidamente justificados e nos casos previstos nos artigos 24.º e 26.º do Tratado da União Europeia, ao Conselho"; "no título dos atos de execução é inserida a expressão "de execução" ". Por outras palavras, na União, a competência de execução cabe, em primeiro lugar, à Comissão, e só excecionalmente ao Conselho. Todavia, as competências de execução da Comissão estão sujeitas aos "mecanismos de controlo" definidos previamente através de regulamentos adotados pelo Parlamento Europeu e Conselho, isto é, regulamentos que fixam os procedimentos ditos de comitologia (art. 201º, nº 3, do TFUE)[71].

[70] O Tratado refere, entre outros exemplos, a possibilidade de o Parlamento Europeu ou Conselho decidirem revogar a delegação ou opor-se à entrada em vigor do ato delegado adotado (art.º 290º do TFUE).

[71] Nos termos do art.º 291º, nº 3 do TFUE foi adotado o Regulamento (UE) do Parlamento Europeu e do Conselho, de 16.2.2011, JOUE nº L 55/13, de 28.2.2011, que cria dois procedimentos de adoção de normas de execução: o procedimento consultivo e o procedimento de exame (e note-se que neste procedimento o parecer negativo do comité de recurso impede a Comissão de adotar o ato).

Observe-se, por fim, que o elenco das fontes de direito da União ficaria incompleto sem uma referência à juriprudência do Tribunal de Justiça. Este procede, nos termos do art.º 267º, do TFUE, à interpretação de todo o direito da União, apreciando ainda a validade do direito derivado, e dessa forma define o sentido e alcance de tal direito, prosseguindo uma função quase legislativa[72].

3. AS INSTITUIÇÕES DA UNIÃO EUROPEIA

São sete as instituições da União, nos termos do art.º 13º, nº 1, do TUE: Parlamento Europeu, Conselho Europeu, Conselho, Comissão Europeia, Tribunal de Justiça, Banco Central Europeu e Tribunal de Contas. O Tratado de Lisboa juntou, assim, à lista existente, o Conselho Europeu e o Banco Central Europeu, testemunhando o seu relevo político. Além disso, confirmou o princípio do equilíbrio institucional no n.º 2, da referida disposição, segundo o qual cada instituição deve atuar dentro dos limites das atribuições que lhe são conferidas.

3.1. Parlamento Europeu

3.1.1. Enquadramento legislativo

O Parlamento Europeu[73] é composto por representantes dos cidadãos da União[74], eleitos, por um mandato de cinco anos[75], por sufrágio universal

[72] Assim Lescot ob. cit., p. 165. Refiram-se, ainda, as conclusões do advogado-geral, consideradas a verdadeira doutrina no direito da União, as quais, apesar de não vincularem o Tribunal, permitem uma melhor compreensão desse mesmo direito (sobretudo dada a inexistência de voto de vencido no âmbito da União Europeia).

[73] A designação de Parlamento Europeu, em substituição da denominação Assembleia, só foi introduzida nos Tratados Comunitários com o Ato Único Europeu, ainda que já existisse uma Resolução anterior, de 1962, nesse sentido.

[74] Note-se que o Tratado de Lisboa refere o Parlamento Europeu como o representante dos cidadãos da União, afastando a terminologia do Tratado da União Europeia do Parlamento Europeu como o representante dos povos dos Estados-membros. Com esta alteração o legislador da União procuraria aproximar a instituições dos cidadãos europeus com o objetivo de atenuar o dito défice democrático da União (na hipótese de aceitarmos a sua existência). Sobre esta questão cf. Miguel Poiares Maduro, *A Constituição Plural Constitucionalismo e União Europeia*, Principia, 2006, pp. 15 e ss.

[75] Artigo 14º do TFUE.

direto, desde 1979[76]. O número de deputados ao Parlamento Europeu não pode ser superior a setecentos e cinquenta e um (incluindo o presidente) e varia entre seis e noventa e seis membros por Estado, sendo a sua composição fixada, por unanimidade, de forma degressivamente proporcional pelo Conselho Europeu[77]. Os deputados reúnem-se em grupos políticos constituídos em formato de partidos políticos europeus, segundo a respetiva afinidade ideológica (e independentemente da nacionalidade), sendo o voto exercido individualmente e a título pessoal, não estando os deputados sujeitos a quaisquer ordens ou instruções[78].

Com a entrada em vigor do Tratado de Lisboa, o Parlamento Europeu, considerado um dos grandes vencedores do projeto reformador da União[79], exerce, juntamente com o Conselho, a função legislativa e a função orçamental, sendo agora as duas instituições colocadas no mesmo plano.

A nível orçamental o Parlamento dispunha, desde o Tratado de Bruxelas de 1975, de competências, sobretudo quanto às despesas não obrigatórias, na discussão, aprovação e fiscalização do orçamento. Já quanto às despesas obrigatórias a última palavra cabia ao Conselho. Com a entrada em vigor do Tratado de Lisboa o processo de aprovação do orçamento foi simplificado, nos termos dos artigos 312º a 314º do TFUE: o orçamento anual da

[76] Decisão do Conselho de 20 de Setembro de 1976, JO L 279/1. Até às primeiras eleições em 1979 os membros do Parlamento Europeu eram designados pelos Parlamentos Nacionais.

[77] Sobre a composição do Parlamento Europeu para a legislatura 2009-2014, cf. o projeto de Decisão do Conselho Europeu sobre a composição do Parlamento Europeu e a Resolução do Parlamento Europeu, de 11 de Outubro de 2007, também sobre a composição do Parlamento Europeu (2007/2169(INI)).

[78] Artigo 3º da Decisão do Parlamento Europeu de 28 de Setembro de 2005, que aprova o estatuto dos deputados ao Parlamento Europeu (2005/684/CE, Euratom), JO nº L 262/1 de 7.10.2005. Como menciona António Goucha Soares «a disciplina de voto dos deputados europeus dependerá mais das indicações recebidas dos partidos políticos nacionais, do que da solidariedade com as orientações de voto do respetivo grupo europeu», basta pensar que a eleição dos deputados europeus depende apenas da vontade dos partidos nacionais, cf. *A União Europeia*, Almedina, 2006, p. 188. Refira-se ainda que o Parlamento Europeu, cujos principais locais de trabalho se repartem entre Estrasburgo (apontada tradicionalmente como a sua sede, cf. Protocolo relativo à localização das sedes das instituições, órgãos e de certos organismos e serviços da União Europeia anexo aos Tratados), Bruxelas e Luxemburgo, tem um Presidente e vários vice-presidentes, sendo as respectivas competências, bem como a das comissões parlamentares criadas, referidas no seu regimento, cf. Regimento, 7ª Legislatura, Julho 2009, disponível em www.europarl.europa.eu.

[79] Cf. por todos Hans Jürgen Papier, ob. cit., p. 423.

União tem de respeitar o quadro financeiro plurianual estabelecido por um período de pelo menos cinco anos; desapareceu a distinção entre despesas obrigatórias e não obrigatórias, sendo desse modo ampliadas as competências do Parlamento Europeu, chamado agora a pronunciar-se sobre todo o tipo de despesas; Conselho e Parlamento Europeu passam a fazer uma única leitura da proposta do orçamento apresentada pela Comissão, seguida da intervenção do Comité de Conciliação no caso daquelas duas instituições não chegarem a consenso, e obrigando a Comissão a apresentar nova proposta na hipótese de o dito Comité também não chegar a acordo sobre um projeto comum.

No plano legislativo o Parlamento Europeu vê reforçado o seu poder normativo, adquirido apenas com a criação do processo de codecisão pelo Tratado da União Europeia (antes da entrada em vigor deste último Tratado, o Parlamento Europeu quase só era chamado a controlar a Comissão e a dar o seu parecer sobre determinados atos comunitários). O Conselho vai, deste modo, perdendo o domínio do processo legislativo (note-se que o Conselho, ao contrário do Parlamento Europeu, detinha competências legislativas exclusivas, cujo exercício correspondia a mais de metade da legislação comunitária adotada) uma vez que doravante a generalidade dos atos apenas serão adotados com a concordância das duas instituições. De facto, o processo de codecisão, redenominado processo legislativo ordinário[80], passará a ser a regra, tendo sido estendido a um vasto conjunto de matérias (tais como a agricultura, os serviços, o asilo ou os fundos de coesão[81]), solução que permite sedimentar o carácter democrático da legislação europeia.

O Parlamento Europeu exerce ainda um controlo político sobre a Comissão (isto é, coloca-lhe questões, fiscaliza a sua atividade executiva e pode mesmo demiti-la, votando uma moção de censura – artigos 230º e 234º do TFUE)[82], desenvolve funções consultivas, nomeadamente no âmbito da política externa e segurança comum, quanto aos seus principais aspectos e opções fundamentais (artigo 36º do TUE) e pode ser necessária a sua aprovação quanto à celebração de certos acordos internacionais

[80] Artigo 294º do TFUE.

[81] Artigos 43º, 56º, 78º, 177º do TFUE.

[82] Cf. artigos 230º e 234º do TFUE.

(artigo 218º, nº 6, alínea a) do TFUE), bem como no processo de adesão de novos Estados (artigo 49º do TUE).

Finalmente, o Parlamento Europeu pode adotar o seu regimento (artigo 232º do TFUE), constituir comissões de inquérito temporárias para analisar «alegações de infração ou de má administração na aplicação do direito da União» (artigo 226º do TFUE), receber petições «sobre qualquer questão que se integre nos domínios de atividade da União e lhe diga diretamente respeito» (artigo 227º do TFUE), eleger o Provedor de Justiça (órgão competente para receber as queixas designadamente dos cidadãos europeus sobre casos de «má administração na atuação das instituições, órgãos ou organismos da União», nos termos do artigo 228º do TFUE), interpor recursos de anulação e intentar ações de omissão para garantir o cumprimento do direito da União Europeia (artigos 263º e 265º do TFUE), e, desde 1 de Dezembro de 2009, submeter ao Conselho projetos de revisão dos Tratados (artigo 48º do TUE) e «vetar» atos delegados ou mesmo revogar a delegação (artigo 290º do TFUE).

Em suma, baseando-se o funcionamento da União na democracia representativa, nos termos do art.º 10º do TUE, o Parlamento Europeu assegura que «os cidadãos europeus estão diretamente representados ao nível da União» (tal como os Estados estão representados no Conselho Europeu e no Conselho), promovendo os valores e prosseguindo os objetivos da União e sendo auxiliado «ativamente» nas suas tarefas, entre outros, pelos Parlamentos nacionais.

3.1.2. A contribuição dos Parlamentos Nacionais para o bom funcionamento da União Europeia

Os Parlamentos nacionais seriam, juntamente com o Parlamento Europeu, os grandes vencedores do Tratado Reformador[83], que retificaria a situação desvantajosa em que foram colocados com o desenrolar do processo de integração europeia. Por outras palavras, o incremento de poder do Parlamento Europeu, e a obrigação de implementação da legislação nacional por todas as autoridades nacionais, teriam criado um «sentimento de frustração»[84] nos Parlamentos Nacionais, que o Tratado Reformador

[83] Jean Victor Louis, "National Parliaments and the principle of subsidiarity – Legal options and practical limits", *European Constitutional Law Review*, The Hague, 2008, vol. 4, issue 3, p. 429.

[84] Jean Victor Louis, ob. cit., p. 434.

teria procurado atenuar, ao considerá-los essenciais para o bom funcionamento da União. Aos Parlamentos Nacionais é, deste modo, confiado o desempenho de várias tarefas. De facto, a partir de 1 de Dezembro de 2009, os Parlamentos Nacionais participam, nos termos do artigo 12º do TFUE, no processo de revisão dos Tratados (artigo 48º do TUE), são informados do pedido de adesão de novos Estados (artigo 49º do TUE), participam na cooperação interparlamentar entre os Parlamentos Nacionais e o Parlamento Europeu (Protocolo relativo ao papel dos Parlamentos Nacionais na União Europeia) e podem vetar o uso de *passarelas* (também conhecidas por *bridging clauses*) da regra de votação da unanimidade para a maioria qualificada e do processo legislativo especial para o processo legislativo ordinário (arts. 48º, nº 7, do TUE e 81º, n.º 3, do TFUE). Mas, a tarefa mais importante será, sem dúvida, a de atuarem como vigilantes *ex ante* do princípio da subsidiariedade, garantindo que as decisões são adotadas ao nível mais próximo das populações[85]. Note-se que a Comissão envia diretamente aos Parlamentos Nacionais não só os seus documentos de consulta (livros verdes, livros brancos e comunicações) como ainda os projetos de atos legislativos[86], podendo os Parlamento Nacionais invocar o sistema de alerta precoce (*early-warning mechanism*), isto é, no prazo de oito semanas a contar do envio do projeto de ato legislativo, os Parlamentos Nacionais podem formular um parecer fundamentado sobre a inobservância do princípio da subsidiariedade[87]. Se o parecer representar pelo menos um terço dos votos atribuídos aos Parlamentos Nacionais (18 numa União com 27 Estados, uma vez que cada Parlamento Nacional dispõe de

[85] Apesar do princípio da subsidiariedade já estar consagrado no TUE, com a entrada em vigor do Tratado de Lisboa são introduzidos novos elementos no plano processual (nomeadamente a possibilidade de um controlo *a priori* e *a posteriori*) e prestados certos esclarecimentos (designadamente o facto de, nos termos do artigo 5º do TUE, na apreciação de tal princípio ser tida em conta não só a atuação do Estado a nível central mas também «a nível local e regional», como ainda o afastamento de tal princípio em relação aos domínios da competência exclusiva da União, hoje claramente mencionados no artigo 3º do TFUE). Para uma visão geral deste princípio, cf. Maria Luísa Duarte, "A aplicação jurisdicional do princípio da subsidiariedade no direito comunitário – pressupostos e limites", in *Estudos de Direito da União e das Comunidades Europeias – II*, Coimbra Editora, 2006, pp. 75 e ss.

[86] Protocolo relativo ao papel dos Parlamentos Nacionais na União Europeia, a anexar ao TUE e ao TFUE, artigos 1º, 2º e 12º do TFUE.

[87] Protocolo relativo à aplicação dos princípios da subsidiariedade e da proporcionalidade, a anexar ao TUE e TFUE, artigos. 6º e 7º.

dois votos nos termos do Protocolo relativo à aplicação dos Princípios da Subsidiariedade e da Proporcionalidade), ou de um quarto (14 votos numa União com 27 Estados), nos domínios de liberdade, segurança e justiça, ou mesmo a maioria simples, no quadro do processo legislativo ordinário (28 votos numa União com 27 Estados), o projeto deve ser reanalisado. Por outras palavras, pela primeira vez foi contemplada no direito primário a possibilidade de os Parlamento Nacionais obrigarem ao reexame de um projeto de ato legislativo, ainda que nos dois primeiros casos seja o autor do projeto a decidir se este deve ser ou não mantido (e daí a designação de procedimento do cartão amarelo), ao passo que, na terceira hipótese, se a Comissão decidir manter a proposta, a decisão final é transferida para o legislador da União, que a pode manter ou não (procedimento do cartão laranja)[88]

Apesar da bondade do objetivo visado – transformar os Parlamentos Nacionais nos «guardiões» do princípio da subsidiariedade – são vários os obstáculos à sua concretização[89]. De facto, o número exorbitante de atos, nomeadamente regulamentos e diretivas, adotados todos os anos, o prazo extremamente curto para os Parlamentos Nacionais formularem o parecer fundamentado, e as dificuldades de coordenação internacional entre os vários Parlamentos Nacionais para se atingir um número de votos significativos com o intuito de obrigar as instituições da União a reanalisarem o projeto, podem dificultar, na prática, o funcionamento célere e eficaz do sistema. É certo que o princípio da subsidiariedade poderá vir a ser fiscalizado *ex post* pelo Tribunal de Justiça, nos termos do artigo 8º do Protocolo relativo à aplicação dos Princípios da Subsidiariedade e da Proporcionalidade. Trata-se, contudo, de uma solução que acarreta os inconvenientes da atuação *a posteriori*, além de que há o risco de o controlo a efetuar ser sobretudo de ordem formal. Por outro lado, a própria redação do artigo 8º referido tem suscitado dúvidas sobre a legitimidade ativa para a interposição de um recurso de anulação, nos termos do artigo 263º do TFUE, com fundamento na violação do princípio da subsidiariedade. Não

[88] Cf. Relatório do Parlamento Europeu de 13 de Março de 2009 sobre o desenvolvimento das relações entre o Parlamento Europeu e os Parlamentos Nacionais ao abrigo do Tratado de Lisboa (2008/2120(INI)). Note-se que é a possibilidade de a Comissão manter a proposta, fundamentando devidamente a sua posição que levou à designação deste procedimento como cartão amarelo e não vermelho.

[89] Assim, Hans Jurgen Papier, ob. cit., p. 426.

é neste momento inteiramente claro, para certa doutrina, se a intervenção do Estado que «transmite» o recurso em nome do seu Parlamento Nacional é meramente formal, ou se pelo contrário tal transmissão, a realizar pelo Estado, «em conformidade com o seu ordenamento jurídico interno», implicará alguma discricionariedade[90]. Não obstante as dificuldades enunciadas, parece-nos que o novo mecanismo de controlo da subsidiariedade será sempre suscetível de exercer um certo efeito dissuasor, garantindo a aplicação desse princípio tal como este se apresenta no contexto da União, isto é, «como um limite à expansão das competências comunitárias e (...) como um fator de descentralização da decisão política no sentido União Europeia/Estados-membros»[91].

3.2. Conselho Europeu

3.2.1. Enquadramento legislativo

O Conselho Europeu, que tem origem nas cimeiras dos chefes de Estado ou de Governo europeus realizadas de modo *ad hoc* a partir da década de 60, e nas quais eram discutidas questões fundamentais para o desenvolvimento das próprias Comunidades Europeias, foi pela primeira vez mencionado nos Tratados Comunitários com a entrada em vigor do Ato Único Europeu[92]. A partir de 1993, com o Tratado da União Europeia, o Conselho Europeu passa a ser referido como um órgão da União Europeia e só com a entrada em vigor do Tratado Reformador é que foi claramente assumido o seu estatuto de instituição (art. 13º do TUE), com um papel preponderante na definição das principais decisões políticas da União Europeia. De facto, apesar de não exercer a função legislativa (art. 15º do TUE), são as conclusões do Conselho Europeu que geralmente definem o quadro, no âmbito do qual as outras instituições irão adotar medidas concretas[93].

[90] Para uma visão geral das divergências doutrinais sobre este tema cf. Jean Victor-Louis, ob. cit. p. 441.

[91] Maria Luísa Duarte, "A aplicação jurisdicional do princípio da subsidiariedade no direito comunitário – pressupostos e limites", in *Estudos...*, cit., pp. 90-91.

[92] Ainda que a institucionalização dessa "prática" tenha ocorrido mais cedo, na Cimeira de Paris em 9 e 10 de Dezembro de 1974.

[93] Vejam-se por exemplo as Conclusões da Presidência do Conselho Europeu de Lisboa de 23 e 24 de Março de 2000, que procuraram estabelecer um novo objetivo estratégico para a União, tendo em vista reforçar o emprego, a reforma económica e a coesão social no âmbito de uma economia baseada no conhecimento disponíveis em europa.eu/european-council/index_pt.htm.

Com a entrada em vigor do Tratado de Lisboa, o Conselho Europeu reúne-se, nos termos do artigo 15º do TUE, duas vezes por semestre e é composto pelos Chefes de Estado ou de Governo dos Estados-Membros, bem como pelo seu Presidente e pelo Presidente da Comissão[94], participando ainda nos seus trabalhos o Alto Representante da União para os Negócios Estrangeiros e a Política de Segurança.

O Conselho Europeu tem por missão definir «as orientações e prioridades políticas gerais da União» (artigo 15º do TUE), as «orientações gerais da política externa e de segurança comum» incluindo matérias «com implicações no domínio da defesa» (artigo 26º do TUE), bem como as «orientações estratégicas da programação legislativa e operacional no espaço de liberdade, segurança e justiça» (artigo 68º do TFUE). Observe-se ainda que, no domínio das relações externas, além do Conselho Europeu tem igualmente competências o Alto Representante da União para os Negócios Estrangeiros e a Política de Segurança, o que poderá levantar problemas a nível de coordenação dos respectivos poderes.

Pode ainda ser solicitada a intervenção do Conselho Europeu com vista à obtenção de consenso, designadamente no domínio da segurança social e da cooperação judiciária em matéria penal, sempre que um membro do Conselho considere que o projeto de ato legislativo prejudica aspectos fundamentais do seu ordenamento jurídico (artigos 48º, 82º e 83º do TFUE)[95].

Além disso, o Conselho Europeu, com base em relatórios do Conselho, adotará conclusões sobre as orientações gerais das políticas económicas dos Estados-Membros e da União (artigo 121º do TFUE), bem como sobre a situação do emprego na União (artigo 148º do TFUE), avaliando ainda periodicamente as ameaças (como ataques terroristas ou catástrofes naturais ou humanas) com que a União se depara (artigo 222º do TFUE), além de participar nos processos de revisão dos Tratados (artigo 48º do TUE) e de adesão de novos Estados (art. 49º do TUE). Finalmente, compete ao Conselho Europeu estabelecer a lista de formações do Conselho (artigo 236º do TFUE), fixar o sistema de rotação para escolha dos membros da Comissão (artigo 244º), nomear a Comissão Europeia (art. 17º do TUE) e a Comissão Executiva do Banco Central Europeu (artigo 283º do TFUE), permitir que a regra de votação do Conselho por unanimidade

[94] Os dois presidentes não votam no Conselho Europeu. Cf. art.º 235º, nº 1, do TFUE.

[95] Note-se que a aplicação de um mecanismo semelhante, designado por «travão de emergência», estava previsto no ex-art. 23º do TUE.

em certos casos passe a maioria qualificada (artigo 312º do TFUE), bem como alterar o regime especial de associação aplicável a certos países e territórios ultramarinos (artigo 355º do TFUE).

Em síntese, o Conselho Europeu continua a definir a «agenda» da União Europeia, e eventuais conflitos interinstitucionais, devido à existência de uma «autoridade dividida», deverão ser evitados, uma vez que todos os intervenientes têm incentivos para prevenir a emergência desse tipo de conflitos[96].

3.2.2. Os novos cargos criados pelo Tratado de Lisboa: Presidente do Conselho Europeu e Alto Representante da União para os Negócios Estrangeiros e a Política de Segurança

Até à entrada em vigor do Tratado de Lisboa, a Presidência do Conselho Europeu foi exercida de forma rotativa entre os vários Estados-Membros, por períodos de seis meses. Com os sucessivos alargamentos e a necessidade de ser garantida continuidade à estratégia europeia, os grandes Estados--Membros defenderam a eleição de um Presidente do Conselho Europeu, com poderes acrescidos, que representasse externamente a União no âmbito da Política Externa e da Segurança Comum. Apesar da oposição dos pequenos Estados, foi esta a solução seguida no Tratado de Lisboa. Assim, o Presidente do Conselho Europeu, eleito por maioria qualificada, por um mandato de dois anos e meio, renovável uma vez, garante, nos termos do novo Tratado, a continuidade da atividade do Conselho Europeu, mantém a cooperação com as outras instituições, informando-as devidamente dos assuntos debatidos nas reuniões, e assegura a representação externa da União no domínio da Política Externa e de Segurança Comum (art.º 15º do TUE). Com estas soluções o legislador procurou assegurar quer uma maior coordenação interinstitucional (exigência cada vez mais premente com a crescente complexidade, nomeadamente do quadro decisório europeu), quer uma verdadeira liderança por parte do Conselho Europeu no processo de integração europeia, quer ainda uma certa personalização da instituição, vista como mais uma tentativa de aproximar dos cidadãos a União, considerada frequentemente um «produto de tecnocratas sem rosto»[97].

[96] Paul Craig, "The Treaty of Lisbon, process, archtitecture and substance", European Law Review, 2008, 33, p. 153.

[97] J. H.Papier, ob. cit., p. 422.

Simultaneamente foi criada a figura do Alto Representante da União para os Negócios Estrangeiros e a Política de Segurança, que tem por principal missão representar a União no plano internacional. O Alto Representante, que passou a reunir as competências do Alto Representante para a Política Externa e de Segurança Comum da União, e do Comissário Europeu para as relações externas, é nomeado pelo Conselho Europeu, por maioria qualificada, com o acordo do Presidente da Comissão, nos termos do artigo 18º do TUE, sendo apoiado no desempenho das suas funções por um Serviço Europeu para a ação Externa (artigo 23º do TFUE). O Alto Representante tem como missão conduzir a Política Externa e de Segurança Comum da União, assegurando a coerência da ação externa da União (artigo 18º do TUE). O Alto Representante dá, deste modo, voz à União no contexto internacional, e nesse domínio emite pareceres (artigo 329º do TFUE) apresenta propostas (artigos 215º, 218º e 222º do TFUE) e recomendações (artigo 218º do TFUE), e assegura ligações com outras organizações internacionais (artigo 220º do TFUE). Além disso, é mandatário do Conselho no que se refere à Política Comum de Segurança e Defesa (PCSD)[98], preside ao Conselho dos Negócios Estrangeiros e é um

[98] Note-se que a Política Externa e de Segurança Comum (PESC) abrange a Política Comum de Segurança e Defesa (PCSD), nos termos do artigo 42º do TUE. Esta última garante à União, como referem os nºs 1 e 2 dessa mesma disposição, «uma capacidade operacional apoiada em meios civis e militares», podendo a União «empregá-los em missões no exterior a fim de assegurar a manutenção da paz, a prevenção de conflitos e o reforço da segurança internacional, de acordo com os princípios da Carta das Nações Unidas»; além disso, a disposição citada estabelece que «a execução destas tarefas assenta nas capacidades fornecidas pelos Estados-Membros» e que a «política comum de segurança e defesa inclui a definição gradual de uma política de defesa comum da União». O desenvolvimento da PCSD foi, deste modo, a solução encontrada pela União Europeia quando chegou à conclusão, sobretudo a partir da década de 1990, com a crise da ex-Jugoslávia, que, nas palavras sugestivas de Dietmar Nickel e Gerrard Quille (cf. "In the Shadow of the Constitution Common Foreign and Security Policy/European Security and Defence Policy adapting to a changing external environment", *Jean Monnet, Working Papers* 02/07, pp. 3-5) "speaking softly and carrying a big wallet" não era suficiente e que a Europa tinha necessariamente de intervir mais assertivamente. Acresce, como referem Steven Blockmans e Ramses A Wessel, "The European Union and crisis management: Will the Lisbon Treaty make the EU more effective?", *CLEER Working Papers* 2009/1, pp. 27-28, que a distinção tradicional entre a PESC, dirigida à segurança externa da União, e a PCSD, focada na segurança interna, tem-se esbatido, uma vez que «aspectos externos e internos estão indissoluvelmente ligados»; todavia, à nova realidade não tem correspondido o aparecimento no plano internacional de uma União forte no domínio da

dos vice-presidentes da Comissão, incumbindo-lhe assegurar a unidade e coerência da ação externa da União. Em suma, se é certo que o reforço dos poderes do Alto Representante, no texto final do TFUE, representa mais um passo no sentido de se garantir a eficácia e coerência da atuação externa da União, sendo assegurada a ponte entre a Política Externa e de Segurança Comum (PESC) e a Política Comum de Segurança e Defesa (PCSD), também é verdade que o Tratado Reformador ao conferir relevo no domínio das relações externas a várias entidades pode dificultar a definição de um interlocutor nas relações com países terceiros, bem como o exercício de uma verdadeira liderança neste domínio.

3.3. O Conselho (da União Europeia)

3.3.1. Enquadramento legislativo

O Conselho (instituição que continua a representar os interesses dos Estados-Membros na União Europeia, a par do Conselho Europeu) é composto, nos termos do artigo 16º do TUE, «por um representante de cada Estado-Membro ao nível ministerial, com poderes para vincular o Governo do respectivo Estado-Membro e exercer o direito de voto» e «reúne-se por convocação do seu Presidente, por iniciativa deste, de um dos seus membros ou da Comissão» (artigo 237º do TFUE)[99], sendo as reuniões públicas quando versem sobre um projeto de ato legislativo.

Ao contrário do Conselho Europeu que apresenta uma composição fixa, a composição do Conselho varia em função dos assuntos a tratar, podendo, deste modo, apresentar várias formações. O Tratado da União Europeia impõe atualmente, no seu artigo 16º, nº 6, a existência de duas formações – o Conselho de Assuntos Gerais (o qual garante a coerência dos trabalhos das diferentes formações) e o Conselho dos Negócios Estrangeiros (que elabora a ação externa da União e assegura a sua atuação coerente) –, sendo a lista de outras formações adotada pelo Conselho Europeu segundo o artigo 236º do TFUE.

segurança, como muitos considerariam desejável, dadas as limitações, desde logo, resultantes da inexistência de um verdadeiro exército europeu, ou seja, os *inputs* necessários continuam sob o controlo dos Estados-membros (cf. sobre esta questão Nickel e Quille, ob. cit., pp. 20 e ss.).

[99] A Presidência das formações do Conselho é assegurada pelos representantes dos Estados-Membros no Conselho, com base num sistema de rotação igualitária (artigos 16º, nº 9, do TUE e 236º do TFUE), com exceção do Conselho dos Negócios Estrangeiros cuja Presidência é assegurada pelo Alto Representante (artigo 18º, nº 3, do TUE).

Auxiliam o Conselho, no desempenho das suas tarefas, o COREPER (nos termos do artigo 240º nº 1 do TFUE, «cabe a um comité, composto pelos representantes permanentes dos Governos dos Estados-Membros, a responsabilidade pela preparação dos trabalhos do Conselho e pela execução dos mandatos que este lhe confia») e um Secretário-Geral (artigo 240º nº 2 do TFUE) com competências para desempenhar tarefas sobretudo de índole administrativa.

O Conselho exerce, juntamente com o Parlamento Europeu, a função legislativa, através do procedimento legislativo ordinário, e a função orçamental (artigo 16º, nº 1, do TUE), competindo-lhe igualmente definir e coordenar as políticas nos termos dos Tratados[100].

Além do procedimento legislativo ordinário, previsto no seu art.º 294º, o Tratado sobre o Funcionamento da União Europeia estabelece o recurso a processos legislativos especiais, isto é, processos conducentes à adoção de um regulamento, diretiva ou decisão pelo Parlamento Europeu, com a participação do Conselho, ou por este com a participação do Parlamento Europeu (artigo 289º, nº 2 do TFUE). Refira-se, a título de exemplo, o artigo 352º, que permite ao Conselho, por decisão unânime, e através de um processo legislativo especial, colmatar eventuais lacunas do TFUE[101].

Os atos adotados por processo legislativo são designados à luz do art.º 289º, nº 3, do TFUE, como atos legislativos e podem delegar na Comissão o poder de adotar atos não legislativos de alcance geral (art. 290º, nº 1,

[100] Veja-se nomeadamente o artigo 121º do TFUE, nos termos do qual compete ao Conselho elaborar projetos de orientação das políticas gerais dos Estados-membros, recomendações, e aprovar no final do processo a respectiva recomendação.

[101] Repare-se que a possibilidade, prevista na disposição referida, de o Conselho adotar as disposições adequadas «para atingir um dos objetivos dos Tratados, sem que estes tenham previsto os poderes de ação necessários para o efeito», tem sido criticada por alguma doutrina, uma vez que poderá servir para a instituição em causa conduzir um processo de revisão informal do Tratado. Sobre esta questão cf. Miguel Gorjão Henriques, ob. cit., pp. 266 e ss. Além desta hipótese, são ainda exemplos de processos legislativos especiais o artigo 19º do TFUE, relativo à aplicação do princípio da não discriminação, no domínio da cidadania europeia, em razão do sexo, raça ou origem étnica, religião ou crença, deficiência, idade ou orientação sexual, o artigo 308º do TFUE, sobre a alteração do Estatuto do Banco Europeu de Investimento pelo Conselho, o artigo 311º do TFUE sobre o sistema de recursos próprios da União e o artigo 314º do TFUE no contexto da elaboração do orçamento da União.

do TFUE)[102]. O Tratado de Lisboa introduziu, deste modo, a distinção entre atos legislativos e não legislativos, solução esta criticada por uns, pois seria um ornamento inútil, desnecessário do ponto de vista jurídico, visando apenas a formatação indesejável da União à luz das democracias nacionais, e defendida por outros, como forma de garantir a transparência e clareza, especialmente em domínios como os da «comitologia», bem como a hierarquia das normas[103].

Para o desempenho das suas funções, nomeadamente legislativas, o Conselho delibera geralmente por maioria qualificada[104], e só pontualmente preveem os Tratados o sistema de votação por maioria simples (por exemplo, para a criação de órgãos consultivos, segundo os artigos 150º e 160º ou para deliberar sobre questões processuais nos termos dos artigos 235º e 240º do TFUE) ou unanimidade (vejam-se nomeadamente os artigos 19º, 308º e 311º do TFUE)[105], sendo esta obtida mesmo com abstenções (art. 238º, nº 4 , do TFUE).

[102] Nos termos desta disposição, um «ato legislativo pode delegar na Comissão o poder de adotar atos não legislativos de alcance geral que completem ou alterem certos elementos não essenciais do ato legislativo».

[103] Sobre esta questão cf. Jonas Bering Liisberg, "The EU constitutional treaty and its distinction between legislative and non legislative acts – Oranges into apples?", Jean Monnet Working Papers 01/06, pp. 5 e ss, para quem aparentemente a expressão «legislação comunitária» já resolvia o problema, bem como João Mota de Campos e João Luiz Mota de Campos, Manual de Direito Comunitário, Coimbra editora, 2007, pp. 83-84.

[104] Com a entrada em vigor do Tratado de Lisboa foram expandidas as áreas de votação por maioria qualificada. Vejam-se, a título de exemplo, no contexto do espaço de liberdade, segurança e justiça os artigos 77º (visto), 79º (imigração legal), 82º a 86º (cooperação judiciária em matéria penal), 85º (Eurojust), 87º (cooperação policial não operacional), 88º (Europol) e 196º (Proteção civil), todos do TFUE. O Conselho continuará em todo o caso a votar por unanimidade, depois de consultar o Parlamento Europeu, nos termos dos artigos 77º (passaportes e bilhete de identidade), 81º (direito da família), 86º (eventual criação de uma Procuradoria Europeia para proteger os interesses financeiros da União) e 87 (cooperação policial operacional), todos do TFUE. Para uma análise destas e de outras questões no contexto do espaço de liberdade segurança e justiça depois da entrada em vigor do Tratado de Lisboa, cf. Nuno Piçarra, "O Tratado de Lisboa e o Espaço de Liberdade Segurança e Justiça", *in A União Europeia segundo o Tratado de Lisboa*, Almedina, 2011, pp.127 e ss.

[105] Note-se que a regra da unanimidade, e as respectivas preocupações, que estiveram aliás presentes no compromisso de Luxemburgo, têm vindo a perder relevo. Recorde-se que esse compromisso foi assinado em 29 de Janeiro de 1966 e estabelecia que, estando em causa "interesses muito importantes" dos Estados, as decisões que poderiam ser adotadas por maioria deveriam passar a ser por unanimidade no seio do Conselho. Com os Acordos de

Com a entrada em vigor do Tratado Lisboa, foram introduzidas novas regras quanto ao cálculo da maioria qualificada. De acordo com o artigo 16º, nº 4 do TUE, e o artigo 238º, nº 2, a maioria qualificada no Conselho Europeu (art. 235º do TFUE) e no Conselho passará a ser uma «dupla maioria (isto é, maioria dos Estados e da população da União), solução que procura responder aos receios dos pequenos Estados e garantir um processo de decisão mais célere. Nos termos das disposições referidas, a maioria qualificada é definida da seguinte forma: (1) A maioria qualificada no(s) Conselho(s) corresponde, pelo menos, a 55% dos membros do Conselho (15 Estados num total de 27), num mínimo de quinze, devendo estes representar Estados-Membros que reúnam no mínimo 65% da população da União; a minoria de bloqueio deve ser composta por, pelo menos, quatro Estados que representam mais de 35% da população da União (ou seja, evita-se que os Estados mais populosos bloqueiem a decisão)[106] (2) Quando o Conselho não delibere sob proposta da Comissão ou do Alto Representante a maioria qualificada deve corresponder, no mínimo a 72% dos membros do Conselho, representando Estados que reúnem, pelo menos, 65% da população da União[107].

A aplicação do regime referido foi, em todo o caso, diferida para 1 de Novembro de 2014, podendo mesmo ser adiada até 31 de Março de 2017, nos termos do 'Protocolo relativo às disposições transitórias', sempre que um dos membros do Conselho peça que a deliberação seja tomada por maioria qualificada definida nos termos do Tratado de Nice (ou seja, ao contrário do novo regime em que cada Estado tem um voto, no sistema

Luxemburgo de 29 de Janeiro de 1966 procurava-se resolver a "crise da cadeira vazia", de 1965, na França do General De Gaulle (recorde-se que, na falta de acordo sobre questões relativas à Política Agrícola Comum, o representante da França no Conselho, em vez de parar o relógio e continuar a discussão até à obtenção do consenso, encerrou a discussão e paralisou o processo de decisão). Cf. Conferência de imprensa do General De Gaulle a explicar a crise, *60 anos...*, ob. cit., pp. 58 e ss.

[106] Note-se que nos termos do art.º 238º, nº 3, do TFUE nos casos em que, à luz do Tratado, nem todos os membros do Conselho participem na votação, a minoria de bloqueio deve ser composta por «pelo menos, o número mínimo de membros do Conselho que represente mais de 35% da população dos Estados-membros participantes, mais um membro».

[107] Na hipótese de nem todos os membros do Conselho participarem na votação aplica-se o disposto no artigo 238º, nº 3 do TFUE.

anterior atribuía-se a cada Estado um certo número de votos fixos)[108]. Assim, segundo o artigo 3º do Protocolo referido, até 31 de Outubro de 2014, as deliberações consideram-se aprovadas por maioria qualificada se obtiverem 255 votos (que devem corresponder à maioria dos membros, ou mesmo a dois terços quando a deliberação não foi precedida de proposta da Comissão), podendo ainda qualquer Estado exigir que essa votação represente 62% da população da União[109].

Refira-se por fim que se um conjunto de Estados-Membros declarar opor-se a que o Conselho adote um ato por maioria qualificada, o Conselho deve debater a questão e procurar obter, num prazo razoável, uma solução que responda às preocupações desses Estados. Note-se que esta solução, introduzida a pedido da Polónia nas 'Declarações relativas a disposições dos Tratados' e inspirada pelo acordo de Ioannina, terá aparentemente um alcance limitado, pois não prejudica os prazos obrigatórios fixados pelo direito da União, não se traduzindo, deste modo, num verdadeiro direito de veto[110].

O Conselho tem ainda competências para participar no processo de celebração de acordos internacionais (artigo 218º do TFUE), autorizar as cooperações reforçadas que os Estados-membros desejem instituir entre si para reforçar o processo de integração (artigo 20º do TUE e 329º do TFUE)[111], receber os projetos de revisão dos Tratados, nos termos do artigo 48º, nº 2, do TUE, relativo ao processo de revisão ordinário (devendo o seu Presidente, segundo o nº 4 da mesma disposição, convocar uma conferência dos representantes dos Estados-Membros para

[108] No sistema de Nice a ponderação dos votos tem, geralmente, em conta a população de cada Estado. Malta será o Estados com menos votos (apenas possui três votos), ao passo que os grandes Estados, como a Alemanha, França, Itália ou Reino Unido dispõem de 29 votos, tendo a Polónia e a Espanha 27 votos (encontrando-se Portugal próximo do «meio da tabela» com 12 votos).

[109] Note-se que o critério populacional ficará em princípio preenchido com a regra dos 255 votos. A questão surge quando a proposta legislativa é aceite apenas por três dos seis maiores Estados, bem como pelos restantes vinte e um Estados.

[110] Declaração nº 7 – Declaração ad nº 4 do artigo 16º do Tratado da União Europeia e nº 2 do artigo 238º do Tratado sobre o Funcionamento da União Europeia

[111] Note-se que o processo de cooperação reforçada deve ser considerado o «último recurso», isto é deve ser utilizado apenas quando «os objetivos da cooperação em causa não podem ser atingidos num prazo razoável pela União no seu conjunto e desde que, pelo menos, nove Estados-Membros participem na cooperação» (artigo 20º, nº 2, do TUE).

definir as alterações a introduzir nos Tratados), bem como os pedidos de adesão dos novos Estados-Membros, devendo neste último caso atender aos critérios de elegibilidade aprovados pelo Conselho Europeu (art. 49º do TUE). Além disso, é ao Conselho que cabe verificar o risco de violação dos valores referidos no art.º 2º do TUE e sancionar os Estados por esse facto (artigo 7º do TUE), bem como celebrar, a partir da entrada em vigor do Tratado de Lisboa, por maioria qualificada, o acordo de saída de um Estado que pretenda retirar-se da União (artigo 50º do TUE).

No domínio da PESC, cabe ao Conselho, juntamente com o Conselho Europeu, a sua definição e execução através de regras e procedimentos específicos, nos termos do artigo 24º do TUE (isto é, a votação será em princípio feita segundo a regra da unanimidade e, «salvo disposição em contrário dos Tratados, fica excluída a adoção de atos legislativos, competindo ao Conselho a adoção de decisões, que vinculam os Estados-membros, nos termos dos artigos 25º e 28º do TUE). Note-se que este regime específico pode suscitar algumas dificuldades quando for necessária a adoção de «decisões» no âmbito da União que transcendam o campo da PCSD, ou mesmo da PESC, e incluam outras políticas comunitárias. Ou seja, a necessidade de basear a decisão da União em diferentes fundamentos jurídicos, consoante se trata do domínio da segurança (dadas as regras especiais vigentes no contexto da PESC já referidas, acrescendo o facto de as competências do Tribunal de Justiça serem praticamente inexistentes nesta área[112]) ou outras políticas externas, nomeadamente económicas, da União pode, como já foi sublinhado, dificultar a atuação da União e comprometer a respectiva coerência externa[113]. Ainda assim, a introdução no artigo 42º, nº 7, do TUE de uma *cláusula de defesa mútua*[114], consagrando uma espécie de «obrigação de defesa coletiva» e reforçando a solidariedade entre os Estados-Membros face a ameaças externas (uma vez que segundo a disposição referida se «um Estado-Membro vier a ser alvo de agressão armada no seu território, os outros Estados-Membros devem prestar-lhe auxílio e assistência por todos os meios ao seu alcance, em conformidade com o artigo 51º da Carta das Nações Unidas»), bem como o estabelecimento de uma «cláusula de solidariedade» nos termos do artigo 222º do

[112] Ainda assim cf.o artigo 275º do TFUE.

[113] Ob. cit., p. 34.

[114] François-Xavier Priollaud e David Siritsky, ob. cit., p. 128.

TFUE (segundo o qual a «União e os seus Estados-Membros atuarão em conjunto, num espírito de solidariedade, se um Estado-Membro for alvo de um ataque terrorista ou vítima de uma catástrofe natural ou de origem humana») consagram soluções de certa forma inovadoras[115], permitindo, deste modo, à União dar os primeiros passos na criação da tão almejada defesa comum.

3.3.2. A progressiva transformação do Conselho numa «segunda câmara legislativa»

Com a entrada em vigor do Tratado Reformador foi dado aparentemente mais um passo no sentido da transformação do Conselho numa «segunda câmara legislativa»[116], solução esta distinta, em todo o caso, da que tinha sido defendida por Joschka Fischer, que propunha a criação na União de um Governo Europeu ao lado de um Parlamento Europeu com duas câmaras[117].

No regime anterior existiam vários obstáculos à consideração do Conselho como uma verdadeira «câmara legislativa»: as suas reuniões eram secretas (mesmo para legislar), não era uma instituição eleita diretamente, nem estava sujeita ao controlo parlamentar.

[115] Note-se que o Conselho Europeu já tinha adotado uma 'Declaração de solidariedade contra o terrorismo' em 25 e 26 de Março de 2004 (disponível em http://ec.europa.eu/publications/booklets/others/84/pt.pdf), solução reforçada com a entrada em vigor do Tratado de Lisboa, nomeadamente com a criação, nos termos do artigo 71º do TFUE, de um Comité Permanente no Conselho (designado pela sigla COSI), com a missão de promover a coordenação da ação operacional dos Estados-Membros no domínio da segurança interna. Refira-se ainda que o artigo 42º, nº 7, do TUE obriga à "defesa mútua" *todos* os Estados-Membros perante uma ameaça externa ao território de um deles; já o art.º 222º do TFUE visa outras ameaças: terrorismo e catástrofe de origem natural ou humana.

[116] No sentido de que a perda de influência do Conselho, que deixa de ser o órgão legislativo por excelência, apenas confirma a transformação do Conselho numa segunda câmara, de que aliás já seriam sinais claros a «progressiva publicização das suas reuniões e a introdução do limiar populacional em Nice», cf. Miguel Gorjão Henriques, ob. cit., p. 172.

[117] Joschka Fischer defendeu um Parlamento Europeu com duas câmaras, semelhante ao «Bundesrat» na Alemanha ou ao «Senate» nos E.U.A, e um governo europeu, desenvolvendo o Conselho Europeu ou partindo da Comissão com a eleição direta do seu presidente. Cf. o discurso proferido na Universidade Humboldt, em Berlim, em 12 de Maio de 2000, disponível em http://centers.law.nyu.edu/jeanmonnet/papers/00/joschka_fischer_en.rtf.no no qual defendeu um Parlamento Europeu e um Governo Europeu com poderes legislativos e executivos numa Federação.

Com o Tratado de Lisboa são consagradas algumas soluções que respondem, pelo menos em parte, às preocupações enunciadas. A solução do Conselho legislar em segredo foi alterada com a possibilidade de as reuniões do Conselho serem tornadas públicas (artigo 16º, nº 8, do TUE), permitindo aos eleitores conhecer a posição dos seus representantes, os quais passam a assumir responsabilidade pelas votações efetuadas. Por outras palavras, o princípio da transparência, doravante implementado no seio do Conselho, permitirá aproximar a instituição em causa dos cidadãos europeus, bem como responsabilizar os governos pelas decisões adotadas no âmbito de um verdadeiro processo legislativo (e não fruto de «negociações diplomáticas»). Por outro lado, a possibilidade de os Parlamentos Nacionais fiscalizarem *a priori* o princípio da subsidiariedade, obrigando as várias instituições, incluindo o Conselho, a comunicar os respectivos projetos legislativos, reforça o controlo parlamentar sobre o processo de legislativo europeu. Estas medidas vão, desta forma, ao encontro das sugestões apresentadas pela Comissão no Livro Branco sobre 'Governança Europeia'[118], assentes nos princípios da «abertura, participação, responsabilização, eficácia e coerência» da atuação das instituições da União.

3.4. Comissão Europeia

3.4.1. Enquadramento legislativo

A Comissão Europeia foi, e continua a ser, apontada como a instituição que representa os interesses da União. Neste sentido dispõe claramente o artigo 17º, nº 1, do TUE: «A Comissão promove o interesse geral da União e toma as iniciativas adequadas para esse efeito». Até 1 de Novembro de 2014, a Comissão será composta por um número de comissários, nacionais dos Estados-Membros, equivalente ao número dos Estados, e escolhidos segundo critérios de competência e independência, por mandatos de cinco anos (mandato este que pode terminar por morte, renúncia, por ordem do Tribunal de Justiça a pedido do Conselho ou da Comissão ou através de uma moção de censura do Parlamento Europeu)[119]. A partir dessa data o número dos seus membros será reduzido, com base num sistema de rotação igualitária (fixado no artigo 244º do TFUE), de forma a corresponder

[118] COM (2001) 428 final.

[119] Artigo 17º, nº 6 ,do TFUE e artigos 245º e 247º do TFUE. A Comissão pode ainda votar uma moção de censura à Comissão nos termos do artigo 17º, nº 8, do TUE e artigo 234º do TFUE.

a dois terços do número dos Estados da União (a menos que o Conselho Europeu decida, por unanimidade, alterar tal solução).

Quanto à designação da Comissão, o Tratado de Lisboa mantém o duplo grau de legitimidade democrática da instituição em causa, ao envolver simultaneamente nesse processo os Conselhos e o Parlamento Europeu[120]. O processo, estabelecido no artigo 17º, nº 7, do TUE, desenrola-se nos seguintes termos: (1) O Conselho Europeu, tendo em conta as eleições para o Parlamento Europeu, e deliberando por maioria qualificada, propõe ao Parlamento Europeu um candidato ao cargo de Presidente da Comissão; (2) O candidato é eleito pelo Parlamento Europeu por maioria dos membros que o compõem; (3) O Conselho e o Presidente eleito adotam, de comum acordo, a lista dos possíveis comissários, com base nas sugestões dos Estados; (4) O Presidente, o Alto Representante e os restantes membros da Comissão são sujeitos a um voto de aprovação do Parlamento Europeu; (5) A Comissão é nomeada pelo Conselho Europeu deliberando por maioria qualificada. A solução proposta, por certa doutrina, de a escolha do Presidente da Comissão Europeia ser realizada por sufrágio direto e universal, foi, deste modo, afastada, em favor da sua eleição indireta, via Parlamento Europeu, resultado este sentido por alguns autores como gorando as expetativas quanto ao reforço da legitimidade democrática da União Europeia[121].

A Comissão atua colegialmente, deliberando por maioria[122], sob a orientação do seu Presidente. É ainda o Presidente que representa a

[120] Dito de outro modo, o Parlamento Europeu, eleito por sufrágio direto e universal, desde 1979 (na sequência da decisão do Conselho de 20 de Setembro de 1976), e os Conselhos, constituídos por membros do governos, e chefes de Estados, eleitos democraticamente, ao participarem no processo de designação da Comissão conferir-lhe-iam legitimidade democrática. A solução da eleição direta dos comissários sempre estaria afastada por entrar em conflito com a sua independência em relação aos (interesses) dos Estados-Membros.

[121] Sobre esta questão cf. Paul Craig, "The treaty of Lisbon, process, architecture, and substance," *European Law Review*, 2008, 33, 2, pp. 155 e ss. Quanto a nós, cremos (e não estamos sós, veja-se neste sentido igualmente John Temple Lang, "How much do the smaller member states need the European Commission? The role of the European Commission in a changing Europe", *Common Market Law Review*, 2002, vol. 39, p. 318) que a legitimidade democrática da Comissão resulta do equilíbrio institucional fixado nos Tratados (não sendo aliás desejável a solução da eleição direta dos comissários, por poder comprometer a sua independência).

[122] Artigo 250º, nº 1, do TFUE. O quórum vem fixado no art.º 7º do Regulamento Interno da Comissão, cf. JO L 308 de 8.12.2000, p. 26, com as últimas alterações introduzidas pela Decisão 2007/65/CE da Comissão de 15 de Dezembro de 2006 L 32 p. 144.

Comissão, determina a sua organização interna, convoca reuniões, nomeia vice-presidentes e distribui as responsabilidades da Comissão pelos seus membros (artigos 17º, nº 6, do TUE e 248º do TFUE e artigos 3º e 5º do Regulamento interno da Comissão). Desta forma, o Presidente pode atribuir aos membros da Comissão domínios de atividade específicos, em que estes serão especialmente responsáveis pela preparação dos trabalhos da Comissão e pela execução das suas decisões[123]. Para preparar e executar as suas ações, a Comissão dispõe de um conjunto de serviços organizados em direções-gerais e organismos equiparados.

Quanto às suas competências, a Comissão tem, nos termos do artigo 17º do TFUE, «funções de coordenação, de execução e de gestão», cabendo-lhe designadamente a execução do orçamento e a gestão dos programas. Acresce, atualmente, a possibilidade prevista no artigo 291º nº 2, do TFUE, de os Estados-Membros conferirem competências de execução à Comissão, sempre que sejam necessárias condições uniformes de execução de atos juridicamente vinculativos da União. Significa isto que em causa estão apenas poderes de execução e que o exercício desses poderes pela Comissão (através de atos de alcance geral ou medidas individuais) é obrigatório, uma vez verificada a condição enunciada no Tratado: necessidade de condições uniformes de execução desses atos.

Além disso, a Comissão assegura a representação externa da União (artigo 17º do TFUE), negoceia acordos com países terceiros ou organizações internacionais (artigo 207º, nº 3, do TFUE), toma a iniciativa da programação anual e plurianual da Comissão para obter acordos interinstitucionais (artigo 295º do TFUE), e vela pela aplicação do direito da União. De facto, a Comissão Europeia detém amplos poderes de fiscalização relativamente aos Estados (tem, por exemplo, legitimidade ativa para intentar uma ação por incumprimento contra o Estado infrator do direito da União nos termos dos artigos 258º a 260º do TFUE, e quando tal ação tiver por fundamento o incumprimento da obrigação de transposição de uma diretiva da União, a Comissão pode, desde a entrada em vigor do Tratado de Lisboa, obter a condenação do Estado infrator no pagamento de uma quantia fixa ou de uma sanção pecuniária compulsória, sem necessitar

[123] Artigo 3º do Regulamento Interno da Comissão, ob. cit.

de intentar uma segunda ação por incumprimento contra esse Estado)[124], a outras instituições comunitárias (pode nomeadamente intentar ações de omissão ou recursos de anulação contra atos das instituições que violem o direito da União, nos termos dos artigos 263º e 265º do TFUE) e mesmo particulares (nomeadamente recolhendo todas as informações e procedendo às verificações necessárias nos termos do art.º 284º do TFUE), podendo ainda em relação a estes últimos aplicar sanções, especialmente no domínio da concorrência[125].

Finalmente, a Comissão Europeia continua a deter o poder de iniciativa legislativa quanto aos atos legislativos da União, salvo disposição em contrário dos Tratados (artigo 17º, nº 1, do TUE), podendo alterar a proposta a todo o tempo[126], ao contrário do Conselho que, em princípio, só pode fazê-lo por unanimidade (art. 293º do TFUE)[127].

A apresentação das propostas pode ser feita por iniciativa da Comissão, a pedido do Parlamento Europeu nos termos do artigo 225º do TFUE, ou do Conselho à luz do artigo 241º, do mesmo Tratado, e na hipótese de não apresentar a proposta solicitada, a Comissão é obrigada a informar a instituição requerente dos motivos para tal.

Observe-se, ainda, que, em certas situações previstas no Tratado, a iniciativa legislativa é atribuída a outras instituições ou órgãos da União:

[124] Note-se que esta alteração foi criticada por Maria José Rangel Mesquita, *A União Europeia após o Tratado de Lisboa*, Almedina, 2010, p. 151, uma vez que "tal regime especial se funda num incumprimento formal sem atender à diferente natureza e gravidade do incumprimento material que lhe está subjacente" e "também por não estender idêntico regime a [outros] casos de incumprimento materialmente relevantes".

[125] Regulamento (CE) Nº 1/2003 do Conselho de 16.12.2002, relativo à execução das regras de concorrência estabelecidas nos artigos 81º e 82º do Tratado da Comunidade Europeia (hoje artigos 101º e 102º do TFUE) , JO L 1/1 de 4.1.2003.

[126] Quanto à possibilidade de a Comissão retirar a proposta apresentada, apesar de tal hipótese não estar prevista expressamente no Tratado, entende certa doutrina (assim Maria Luísa Duarte, ob. cit., p. 301) que o poderá fazer desde que o faça com "independência" e "não afete a cooperação leal" entre o Conselho e o Parlamento.

[127] Para John Temple Lang, a vantagem de a Comissão deter praticamente o monopólio da iniciativa legislativa residiria no facto de evitar que o Parlamento Europeu dispendesse muito tempo a discutir medidas preparadas por «lobbysts and pressure groups»; ou seja, com esta solução evitar-se-ia legislação europeia em excesso e garantir-se-ia a consideração dos interesses daqueles que não estão representados em grupos de pressão, cf. "How much do the smaller member states need the European Commission? The role of the European Commission in a changing Europe", *Common Market Law Review*, 2002, vol. 39, p. 318.

Parlamento Europeu (artigos 223º nº 2, 226º e 228º, nº 4, do TFUE), Tribunal de Justiça (artigo 257º do TFUE), Banco Central Europeu (art. 129º do TFUE, por exemplo), ou Banco Europeu de Investimento (refira-se a título ilustrativo o artigo 308º do TFUE). Além destes, podem pedir à Comissão para apresentar propostas os Estados-Membros e os cidadãos da União. Os Estados-Membros que pretendam instituir entre si uma cooperação reforçada num dos domínios dos Tratados[128] devem, nos termos do artigo 329º do TFUE, dirigir um pedido nesse sentido à Comissão (ou ao Conselho se essa cooperação for no âmbito da PESC), e podem «propor» atos (desde que a iniciativa corresponda a um quarto dos Estados-membros) no quadro da

[128] Note-se que o processo de cooperação reforçada foi pensado para uma Europa de geometria variável, isto é, uma Europa em que certos Estados pretendem avançar mais rapidamente, do que outros, no processo de integração europeia. Para este processo ser aplicado têm de se verificar certas condições fixadas designadamente nos artigos 20º do TUE e 326º e ss. do TFUE, a saber: (1) as cooperações reforçadas só são possíveis em domínios de competências não exclusivas da União; (2) visam realizar objetivos da União e devem respeitar o 'acervo comunitário'; (3) estão abertas a todos os Estados-Membros, mas têm de reunir pelo menos nove Estados; (4) a decisão do Conselho que autoriza o recurso a tal cooperação é a *última ratio*. Note-se ainda que com o Tratado de Lisboa são criados dois procedimentos distintos para as cooperações reforçadas no domínio da PESC e noutros domínios: (1) Na PESC, nos termos do art.º 329º, nº 2, o Estado-Membro interessado em instituir uma cooperação reforçada dirige o pedido ao Conselho, que decide por unanimidade depois de ouvir o Alto Representante e a Comissão (note-se que o Parlamento Europeu é apenas informado do pedido); (2) Nos outros domínios o Estado-Membro interessado em instituir uma cooperação reforçada dirige, nos termos do artigo 329º, n.º 1, um pedido à Comissão que apresentará uma proposta ao Conselho nesse sentido (se não o fizer informa os Estados, justificando a respectiva decisão); a decisão de autorização para dar início a tal cooperação é do Conselho depois da aprovação do Parlamento Europeu. Além destes procedimentos, o Tratado de Lisboa estabelece no domínio da cooperação judiciária em matéria penal –vejam-se os artigos 82º, nº 3, 83º, nº 3 e 86º, nº 1, do TFUE – um procedimento especial que permite passar de processos legislativos ordinário ou especial para uma cooperação reforçada entre Estados-Membros; e ainda no domínio da Política Comum de Segurança e Defesa o regime da cooperação estruturada permanente (arts. 42º, nº 6 e 46º do TUE e Protocolo n.º 10 relativo à cooperação estruturada permanente estabelecida no art.º 42º do TUE). Por outras palavras, em domínios da defesa ou com implicações militares os Estados-Membros não podem instituir cooperações reforçadas, mas podem criar uma cooperação estruturada permanente -esta distingue-se daquela, nomeadamente, pelo facto de não ser preciso um número mínimo de Estados, podendo a cooperação estruturada permanente vir a tornar-se um instrumento fundamental no reforço da capacidade militar europeia – ou pode Conselho, nos termos dos artigos 42º nº 5, e 44º, do TUE, confiar missões (militares) a um grupo de Estados.

cooperação judiciária em matéria penal, e da cooperação policial e administrativa (artigo 76º do TFUE). A 'iniciativa de cidadania', por seu turno, vem reforçar os elementos de democracia direta nos Tratados e traduz-se, segundo os artigos 11º do TUE e 24º do TFUE, na possibilidade de pelo menos «um milhão» de cidadãos da União, «nacionais de um número significativo de Estados-Membros pode[rem] tomar a iniciativa de convidar a Comissão a, no âmbito das suas atribuições, apresentar uma proposta adequada em matérias sobre as quais esses cidadãos considerem necessário um ato jurídico da União para aplicar os Tratados».

Refira-se, por fim, que, com a entrada em vigor do Tratado de Lisboa, se a Comissão considerar que num determinado Estado-Membro existe, ou poderá ocorrer, um défice orçamental excessivo, envia um parecer ao Estado-Membro em causa, e poderá apresentar propostas ao Conselho, o qual adotará, ou não, sanções nos termos do art.º 126º do TFUE.

3.4.2. O papel da Comissão numa União Europeia alargada

Com a entrada em vigor do Tratado Reformador é de novo trazida à colação a questão de saber se a redução do número de Estados-Membros presentes na Comissão não acabará por comprometer a sua independência e representatividade. Nas palavras de Temple Lang, a Comissão é um mediador imparcial no processo europeu de decisão que, sem decidir, apresenta propostas que procuram conciliar, num determinado assunto, os interesses da maioria com os da minoria (ou seja, o sistema de votação por maioria nas instituições com competências legislativas só funciona porque foi criada a Comissão enquanto contrapoder)[129]. Para este «método comunitário» funcionar, será necessário que o mediador além de imparcial e independente, represente todas as partes, obtendo, deste modo, a sua confiança. Se falhar um destes pressupostos, entende o mesmo autor, que as propostas apresentadas pelo mediador dificilmente serão consideradas como uma «base aceitável para discussão», e que tal prejuízo será sentido sobretudo pelos pequenos Estados, pois cresce o risco do «método comunitário» de decisão ser substituído pelo «diretório» de três ou quatro grandes Estados.

É claro que, a favor da redução do número de comissários na instituição em causa, sempre se poderá argumentar com a inexistência de um número suficiente de «pastas» relevantes para atribuir a cada um dos comissários,

[129] John Temple Lang, ob. cit., p. 316.

além das dificuldades de reunião e de discussão eficaz de uma Comissão com várias dezenas de comissários[130].

Ainda assim, outras soluções, que não implicassem a diminuição do número de comissários, poderiam ser ensaiadas, destacando-se a que propõe a redução das funções executivas da Comissão, que seria devolvida ao seu estatuto de *think-tank*[131].

Igualmente criticada tem sido a possibilidade de o Conselho poder alterar, por maioria, a posição da Comissão no Comité de Conciliação, no redenominado processo legislativo ordinário, não sendo estabelecido nenhum mecanismo de salvaguarda dos interesses da minoria, presentes na proposta inicial da Comissão[132]. A manutenção desta solução, no artigo 294º do Tratado de Funcionamento da União Europeia, seria mais um exemplo do declínio da posição da Comissão no sistema original de *checks and balances* criado pelos Tratados Comunitários.

Em síntese, a renovação institucional operada pelo Tratado de Lisboa, com um menor impacto em relação à Comissão Europeia, quando comparada com as outras instituições da União, tem sido certeiramente criticada, no que à instituição em análise diz respeito, por ter deixado passar a oportunidade de reforçar o papel que esta instituição desempenha no processo de integração europeia, ao manter soluções que se afiguram polémicas como a eventual redução do número de comissários a partir de 2014 (salvo decisão em contrário do Conselho Europeu), ou a possibilidade de o Conselho alterar a proposta da Comissão por unanimidade no quadro do procedimento legislativo ordinário.

3.5. Tribunal de Justiça da União Europeia

3.5.1. Enquadramento legislativo

O Tribunal de Justiça da União inclui, nos termos do artigo 19º, nº 1, do TUE, o Tribunal de Justiça (anteriormente designado por Tribunal de

[130] Para uma reflexão geral sobre esta instituição, cf. Paul Craig, Gráinne de Burca, *EU Law, Text Cases and Materials*, Oxford, 2008, pp. 38-48.

[131] Assim Temple Lang – cf. ob. cit., p. 334 – afirma categoricamente : «A Comissão não tem, nem nunca terá, dimensão suficiente para ser o 'executivo' de uma União com 400 ou 500 milhões de pessoas». Mais, segundo o mesmo autor, o problema da Comissão foi ter aceite uma série de funções, nomeadamente executivas, para as quais não tinha sido pensada e para as quais não estava preparada.

[132] Temple Lang ob. cit., p. 323.

Justiça da Comunidade Europeia), o Tribunal Geral (ex-Tribunal de Primeira Instância) e Tribunais Especializados (referidos no Tratado de Nice por Câmaras Jurisdicionais, destacando-se o Tribunal da Função Pública da União Europeia[133]). O nº 2 da mesma disposição acrescenta que os Estados-Membros devem estabelecer «as vias de recurso necessárias para assegurar uma tutela jurisdicional efetiva nos domínios abrangidos pelo direito da União», reforçando, deste modo, a ideia de que o direito da União Europeia é aplicado fundamentalmente pelos tribunais nacionais.

O Tribunal de Justiça é composto por um juiz por cada Estado-Membro[134], assistido por advogados-gerais[135], nomeados de comum acordo pelos governos dos Estados-Membros por seis anos, sendo necessário, desde a entrada em vigor do Tratado de Lisboa, a consulta a um comité (composto por antigos membros do Tribunal de Justiça e do Tribunal Geral, dos tribunais supremos nacionais e juristas de reconhecido mérito, sendo um deles propostos pelo Parlamento Europeu), o qual dará um parecer sobre a adequação dos candidatos ao exercício das funções de juiz ou de advogado-geral nos tribunais da União (artigos 253º e 255º do TFUE).

O Tribunal de Justiça reúne-se em plenário, secções ou grande secção, tem sede no Luxemburgo, e o seu Estatuto é hoje alterado através do processo legislativo ordinário[136].

Quanto às suas competências, o Tribunal de Justiça dá pareceres sobre a compatibilidade de convenções internacionais com o direito da União Europeia (artigo 218º, nº 11, do TFUE), decide com fundamento em cláusula compromissória (artigo 272º do TFUE), tem atualmente iniciativa legislativa em certas áreas (artigo 257º do TFUE), coopera com os tribunais nacionais (artigo 267º do TFUE) e decide recursos de anulação,

[133] Cf. Anexo I do Protocolo relativo ao Estatuto do TJUE.

[134] Note-se que com o Tratado de Lisboa o número de juízes do Tribunal Geral é fixado no Protocolo nº 3 relativo ao Estatuto do Tribunal de Justiça da União Europeia. O artigo 48º desse Estatuto dispõe: «O Tribunal Geral é composto por vinte e sete juízes».

[135] Repare-se que os advogados-gerais, em número de oito, segundo o Tratado (ainda que o Conselho possa aumentar o seu número, como tem vindo de facto a fazer) são nomeados de comum acordo pelo governo dos Estados-Membros, sendo necessário a partir da entrada em vigor do Tratado de Lisboa a consulta de um comité de 'especialistas' (artigos 253º e 255º do TFUE) Os advogados-gerais estudam os assuntos objeto de litígio no Tribunal de Justiça e apresentam uma solução para o caso sob a forma de 'Conclusões do Advogado-Geral', constituindo a verdadeira doutrina da União.

[136] Protocolo nº 3, relativo ao Estatuto do Tribunal de Justiça da União Europeia.

ações de omissão e ações por incumprimento (artigos 258º a 260º, 263º e 265º do TFUE), tendo o Tratado de Lisboa introduzido nestes domínios alterações significativas.

Por um lado, o Tratado Reformador acelerou, em geral, o processo de imposição de sanções pecuniárias, e na hipótese específica de a ação por incumprimento ter por fundamento a violação da obrigação de transposição de uma diretiva da União, a Comissão pode, desde 1 de Dezembro de 2009, obter a condenação do Estado infrator no pagamento de uma quantia fixa ou de uma sanção pecuniária compulsória, sem necessitar de intentar uma segunda ação por incumprimento contra esse Estado (artigo 260º, nº 3, do TFUE).

Por outro lado, é alargada a legitimidade ativa e passiva nos recursos de anulação e ações de omissão intentados. Nos termos da nova redação dada ao artigo 269º do TFUE, o Tribunal de Justiça é competente para se pronunciar sobre a legalidade de um ato adotado pelo Conselho Europeu ou pelo Conselho com fundamento no artigo 7º do TUE, apenas a pedido do Estado-Membro envolvido e somente quanto à observância das disposições processuais previstas no referido artigo; além disso, doravante, o Tribunal de Justiça fiscaliza, além das ações e omissões do Conselho, Comissão e Parlamento Europeu, as omissões e os atos do Banco Central Europeu, que não sejam recomendações ou pareceres, e ainda as omissões e os atos do Conselho Europeu, e dos órgãos ou organismos da União destinados a produzir efeitos jurídicos em relação a terceiros (artigo 263º, primeiro parágrafo, e artigo 265º, primeiro parágrafo, do TFUE); acresce que, o Tratado de Lisboa fixa soluções que vão ao encontro das propostas apresentadas pelo advogado-geral Jacobs no acórdão *União de Pequenos Agricultores*[137], ao simplificar, no artigo 263º, quarto parágrafo, do TFUE, o acesso dos particulares aos tribunais da União, isto é, qualquer pessoa singular ou coletiva pode interpor recurso contra os atos de que seja destinatária ou lhe digam direta e individualmente respeito, bem como contra os atos regulamentares que lhe digam diretamente respeito e não necessitem de medidas de execução (significa isto que neste caso os particulares já não têm de provar que são individualmente afetados pelo ato impugnado); por fim, nos termos do art.º 8º do Protocolo (nº 2) relativo à aplicação dos princípios da subsidiariedade e proporcionalidade o «Tribunal de

[137] Cf. Conclusões do advogado-geral no acórdão de 25.7. 2002, processo C-50/00 P, disponível em http://curia.europa.eu.

Justiça da União Europeia é competente para conhecer dos recursos, com fundamento em violação do princípio da subsidiariedade por um ato legislativo, que sejam interpostos nos termos do artigo 263º do Tratado sobre o Funcionamento da União Europeia por um Estado-Membro, ou por ele transmitidos, em conformidade com o seu ordenamento jurídico interno, em nome do seu Parlamento Nacional ou de uma câmara desse Parlamento» (aliás, nos termos do mesmo artigo, o Comité das Regiões pode igualmente interpor recursos desta natureza relativamente aos atos legislativos, para cuja adoção o Tratado sobre o Funcionamento da União Europeia determine que seja consultado).

No domínio da cooperação com os tribunais nacionais, o Tribunal de Justiça será competente, à luz da nova redação dada ao artigo 267º do TFUE, para decidir a título prejudicial sobre a validade e a interpretação dos atos adotados não só pelas instituições, mas ainda pelos órgãos ou organismos da União, podendo igualmente pronunciar-se com a maior brevidade possível sobre uma questão prejudicial suscitada em processo pendente perante um órgão jurisdicional, relativamente a uma pessoa que se encontre detida (isto é, o processo de tramitação acelerada no âmbito do reenvio prejudicial, utilizado a partir de 2008 na área de liberdade, segurança e justiça[138], foi incorporado no texto do Tratado).

Acresce que, desaparecendo a estrutura dos três pilares, se expande o campo de atuação do Tribunal de Justiça da União Europeia ao antigo terceiro pilar, introduzido pelo Tratado de Maastricht: o Tribunal de Justiça passa a ter uma competência genérica para apreciar as questões prejudiciais que lhe forem submetidas na área de liberdade, segurança e justiça. Deste modo, e ao contrário do que sucedia no regime anterior, no domínio da cooperação policial e judiciária em matéria penal, qualquer órgão jurisdicional nacional poderá, cinco anos depois da entrada em vigor do Tratado de Lisboa[139], reenviar as suas questões para o Tribunal

[138] Artigo 23º A do Protocolo nº 3 relativo ao Estatuto do Tribunal de Justiça da União Europeia, de 1 de Março de 2008, disponível em http://curia.europa.eu/jcms/upload/docs/application/pdf/2008-09/statut_2008-09-26_10-55-50_46.pdf.

[139] Esta solução foi adiada pelo artigo 10º do Protocolo nº 36 sobre disposições transitórias. Refira-se ainda que, nos termos do art.º 276º do TFUE, o Tribunal de Justiça não pode «fiscalizar a validade ou proporcionalidade de operações efetuadas pelos serviços de polícia ou outros serviços responsáveis pela aplicação da lei num Estado-Membro, nem para decidir sobre o exercício das responsabilidades que incumbem aos Estados-Membros em matéria de manutenção da ordem pública e de garantia da segurança interna».

de Justiça (possibilidade esta que já não estará dependente do reconhecimento prévio pelos Estados-Membros das competências prejudiciais do Tribunal de Justiça). Já no contexto dos vistos, asilo, imigração e outras políticas relacionadas com a livre circulação de pessoas, a possibilidade de qualquer órgão jurisdicional recorrer ao mecanismo de reenvio prejudicial verifica-se desde a entrada em vigor do Tratado de Lisboa.

Observe-se, ainda, que, apesar de ter desaparecido aparentemente a estrutura tripartida da União Europeia em pilares, a verdade é que as disposições relativas à PESC, e nomeadamente à Política Comum de Segurança e Defesa (PCSD), continuam sujeitas a um regime específico. Segundo o disposto no artigo 275º do TFUE, o Tribunal de Justiça da União Europeia não dispõe, em princípio, de competências no domínio da PESC, exceto nos seguintes casos: nos termos dos artigos 275º do TFUE e 40º do TUE, o Tribunal de Justiça fiscaliza a execução dessa política, que não pode afetar o âmbito das atribuições das instituições previstas nos Tratados e aprecia recursos de anulação contra medidas restritivas adotadas pelo Conselho, contra pessoas singulares ou coletivas, para combater o terrorismo (por exemplo, medidas que congelem os bens dos particulares no território europeu).

O Tribunal Geral (ex-Tribunal de Primeira Instância) foi criado por Decisão de 24 de Outubro de 1988[140] para fazer face ao crescente volume de trabalho do Tribunal de Justiça, e apresenta uma composição e um funcionamento semelhantes aos do Tribunal de Justiça (exceto quanto à figura do juiz singular presente apenas no Tribunal Geral, nos termos do artigo 50º do Protocolo relativo ao Estatuto do TJUE).

Apesar da referência tradicional enganosa, pois há outros tribunais que recebem igualmente processos em primeira instância (aliás, certas ações como a ação por incumprimento são intentadas imediatamente no Tribunal de Justiça) e o próprio Tribunal Geral funciona como instância de recurso em relação às decisões dos tribunais especializados (artigo 256º do TFUE), a verdade é que o legislador da União no Tratado de Lisboa poucas alterações introduziu neste domínio. Por outras palavras, o Tribunal Geral continua a ser competente para conhecer em primeira instância os recursos de anulação, as ações de omissão, as ações de responsabilidade, as questões prejudiciais definidas no Estatuto podendo ainda decidir

[140] Decisão 88/591/CEE de 24.10.1988, JO L 319 de 25.11.1988.

com fundamento em cláusula compromissória, com exceção dos recursos atribuídos a tribunais especializados ou reservados pelo Estatuto para o Tribunal de Justiça (aliás, este último pode reapreciar a título excepcional as situações previstas no artigo 256º do TFUE, quando exista um risco grave de lesão da unidade ou da coerência do direito da União).

Finalmente, importa referir os tribunais especializados que podem, doravante, ser criados por processo legislativo ordinário (artigo 257º do TFUE) e estão encarregados de conhecer em primeira instância certas categorias de recurso em matérias específicas, sendo as respectivas decisões objeto de recurso para o Tribunal Geral.

3.5.2. A questão do «ativismo judicial»

Com o Tratado de Lisboa, e o reforço das competências do Tribunal de Justiça, surge de novo a questão do seu «ativismo», ou da sua «criatividade»[141], de que seria um exemplo paradigmático a constitucionalização dos Tratados, originariamente fontes de direito internacional. Como é sabido, o Tribunal de Justiça, que exerce as funções de um Tribunal Constitucional (ainda que dispondo geralmente de menos poderes do que estes para assegurar a aplicação dos seus acórdãos, ficando geralmente dependente da cooperação dos tribunais nacionais)[142], e se preocupa em garantir a eficácia do direito da União, bem como em promover uma certa visão federalista da Europa, quase que teria assumido o papel de legislador, em vários domínios (atitude esta reforçada pela inércia das instituições com competências legislativas na União, limitadas de forma frequente na sua atuação pela aplicação da regra da unanimidade), ao recorrer a uma interpretação

[141] Para uma visão crítica deste «ativismo» e em defesa da atribuição de um «papel mínimo» ao Tribunal de Justiça, cf. Hjalte Rasmussen, "Between self-restraint and activism: a judicial policy for the European Court", *European Law Review*, 1988, 13, pp. 28-29 e 38.

[142] Takis Tridimas, "The court of justice and judicial ativism", *European Law Review*, 1996, 21, pp. 199 e ss. e p. 206. Note-se que, como refere Oreste Pollicino (cf. "Legal reasoning of the Court of Justice in the context of the principle of equality between judicial activism and self-restraint", *German Law Journal*, 2004, vol. 5, nº 3, p. 284), o Tribunal de Justiça, para obter a confiança dos tribunais nacionais e dos Estados-Membros, desenvolveu em relação aos primeiros um estilo que além de «declarar a lei», explica-a; em relação aos segundos o Tribunal tem-se preocupado em analisar o contexto sócio-político do Estado no qual vão ser aplicadas as suas decisões, com o objetivo de não ultrapassar o nível de tolerância desse mesmo Estado em relação à sua atuação (dito de outro modo, o Tribunal de Justiça avaliará, via de regra, os efeitos dos atos legislativos interpretados).

teleológica-sistemática (também dita funcional)[143] das disposições dos Tratados. Note-se que este método de interpretação encontra-se bem estabelecido na jurisprudência do Tribunal de Justiça, desde o acórdão *Van Gend & Loos*[144]. Aí o Tribunal afirmou expressamente que, para interpretar as disposições do Tratado, teria em conta o «espírito, economia e conteúdo» da disposição em causa[145] (ainda que, de facto, seja geralmente conferido menos relevo ao argumento literal, dada a ambiguidade da redação de muitas normas, não só porque traduzidas para as múltiplas línguas oficiais da União, mas também por serem obtidas através de compromissos políticos entre os Estados-membros). O método teleológico revela-se, assim, particularmente adequado à dinâmica e evolução do ordenamento jurídico da União Europeia como aliás afirmam, entre muitos, Tridimas, Pollicino e Poiares Maduro[146]. De facto, tendo em conta a pluralidade de linguagens, os ambientes político-económicos diferentes, as tradições jurídicas distintas na União, a necessidade de o Tribunal frequentemente colmatar a inércia legislativa, evitar a «manipulação» do texto das normas jurídicas, garantir a «transparência» na ponderação dos vários fins envolvidos (por vezes conflituantes) bem como da escolha realizada, e orientar os tribunais nacionais (designadamente no contexto do reenvio prejudicial), a verdade é que a interpretação teleológica (combinada frequentemente com outros elementos de interpretação) será a mais adequada às especificidades da União [147]. E daí que a questão a colocar, como já foi sublinhado, não seja a de saber se o Tribunal de Justiça criou lei (até porque toda a operação de interpretação tem necessariamente uma dimensão criativa, que pode ser, ou não, pró-integracionista), mas sim qual é o fim (telos) das Comunida-

[143] Note-se que este método de interpretação tem sido pacificamente aceite no plano nacional (cf. por exemplo Reino Unido) e internacional (assim, por exemplo, a Convenção de Viena sobre o direito dos tratados internacionais . Para uma análise mais desenvolvida desta questão, cf. Tridimas, ob. cit, p. 205.

[144] Acórdão de 5 de Fevereiro de 1962, processo 26/62, Colectânea 1962, p. 205 (tradução portuguesa).

[145] Acórdão cit., p. 210.

[146] Pollicini ob. cit., p. 288 e Miguel Poiares Maduro, "Interpreting European law: judicial adjudication in a context of Constitutional Pluralism", *European Journal of Legal Studies*, vol. 1 nº 2, pp. 8, 10 e 12.

[147] Cf. Pollicini ob. cit. loc.cit., e Poiares Maduro ob. cit loc. cit.

des, hoje União Europeia[148]. Ora, essa finalidade encontra-se estabelecida no sistema legal, nos preâmbulos dos Tratados e nos princípios gerais de direito da União, tendo estes últimos adquirido na jurisprudência do Tribunal de Justiça uma posição de superioridade hierárquica em relação a certas disposições normativas consideradas sobretudo de índole técnica[149]. Nesta perspetiva, que nos parece claramente a mais adequada, o método de interpretação teleológica não representa ativismo judicial, no sentido de uma «inserção arbitrária na arena política»[150], mas sim o resultado natural do sistema jurídico europeu, mantendo-se o Tribunal de Justiça dentro das suas competências.

3.6. Banco Central Europeu e Tribunal de Contas

O Banco Central Europeu (BCE) é a mais nova das instituições europeias, pois só com a entrada em vigor do Tratado de Lisboa passou a ter tal estatuto (artigo 13º do TUE). Por outro lado, é reforçada a sua posição, a partir de 1 de Dezembro de 2009, nos seguintes planos: desde logo, é sublinhado o facto de o BCE (que tem personalidade jurídica nos termos do TFUE) exercer as suas competências de forma independente das instituições, órgãos ou organismos da União, dos governos dos Estados-Membros ou outras entidades (artigo 130º do TFUE); além disso é referida expressamente no Tratado a independência do BCE, nomeadamente na gestão das suas finanças, solução que procura evitar pressões políticas sobre a instituição em causa (artigo 282º, nº 3 do TFUE)[151]; é ainda confirmado que o objetivo do Sistema Europeu dos Bancos Centrais (SEBC), dirigido pelos órgãos de decisão do Banco Central Europeu (Conselho do Banco Central Europeu e Comissão Executiva) é a manutenção da estabilidade

[148] Pollicino ob. cit., pp. 289 e 292. Como refere este autor, «European judicial creativity in particular is a necessary implication of the judiciary function (...) present not only in activist judgments but also in the Court's approach to self-restraint»,.

[149] Veja-se, por exemplo, o acórdão *Defrenne*, processo 43/75, de 8 de Abil de 1975, Rec. 1976 p. 455.

[150] Pollicino ob. cit., p. 285.

[151] Um sinal igualmente evidente, segundo José María Fernández Martin e Pedro Gustavo Teixeira (cf. "The imposition of regulatory sanctions by the European central Bank", *European Law Review*, 2000, 25, pp. 301 e ss. e 406-407).da independência institucional e funcional do BCE seria o poder não só do Banco adotar regulamentos e decisões (artigo 132º do TFUE), como ainda a possibilidade de aplicar multas ou sanções pecuniárias temporárias às empresas no caso de violação de tais regulamentos ou decisões,

dos preços (artigo 127º) acrescentando o artigo 3º, nº 4, do TUE que a União «estabelece uma União económica e monetária cuja moeda é o euro». Além dos esclarecimentos prestados, importa referir, por fim, a mudança introduzida pelo Tratado Reformador quanto à nomeação, pelo Conselho Europeu, dos presidente e vice-presidente do BCE, doravante nomeados por maioria qualificada (art.º 283º nº 2 do TFUE).

O Tribunal de Contas, por seu turno, criado pelo Tratado de Bruxelas de 22 de Julho 1975, foi desde Maastricht considerado uma instituição no quadro da Comunidade e da União Europeia. Com sede no Luxemburgo, é composto por um juiz por Estado-Membro e tem por missão examinar «as contas da totalidade das receitas e despesas da União» (artigo 285º do TFUE). São poucas as alterações introduzidas pelo Tratado de Lisboa, destacando-se a referência ao exercício das funções, pelos seus membros, «com total independência no interesse geral da União» (art.º 285º TFUE), nomeadamente no interesse dos contribuintes europeus, promovendo a «credibilidade do processo de integração europeia»[152].

4. CONCLUSÃO

O Tratado de Lisboa mantém *grosso modo* as disposições da «Constituição Europeia», que procuravam reforçar a legitimidade democrática da União e clarificar o quadro institucional existente. De facto, apesar de não ter operado uma revolução institucional, o Tratado de Lisboa teve o mérito de completar certas reformas iniciadas anteriormente com vista ao funcionamento eficaz de uma União com vinte e sete Estados. A criação dos cargos de Presidente do Conselho Europeu e do Alto Representante, o alargamento das competências do Parlamento Europeu, o relevo dado aos Parlamentos Nacionais, e a votação por dupla maioria no seio do Conselho, são, no plano institucional, algumas das alterações mais significativas introduzidas a partir de 1 de Dezembro de 2009, que contribuem para consolidar a coerência e a eficácia da ação da União Europeia.

[152] Jan Inghelram, "The European court of auditors: current legal issues", *Common Market Law Review*, 2000, 37, pp. 129 e ss.

II
A cooperação judiciária com a entrada em vigor do Tratado de Lisboa. Um passo para a frente, dois passos para trás?[153]

SUMÁRIO: O reenvio prejudicial, estabelecido desde 1957 no Tratado de Roma, tem sido objeto de várias alterações com o intuito de tornar o processo mais eficaz e contribuir, desse modo, para o efeito útil do direito da União. Na prática, tal desiderato nem sempre é fácil de conciliar com o desígnio tradicional desse mesmo mecanismo: assegurar a uniformidade do direito da União. O último parágrafo do artigo 267º do Tratado sobre o Funcionamento da União Europeia, introduzido com a entrada em vigor do Tratado de Lisboa, representa, pois, mais uma etapa desta longa discussão sobre o ponto de equilíbrio desejável entre o interesse na celeridade do processo de reenvio e o da uniformidade do direito da União. Apesar de a tramitação urgente do reenvio prejudicial se apresentar como uma solução necessária no contexto da cooperação judiciária em matéria criminal, o interesse da medida introduzida pelo Tratado Reformador pode ficar, na prática, aquém das expectativas. De facto, o alargamento da jurisdição do Tribunal de Justiça, nomeadamente no contexto do Espaço de Liberdade Segurança e Justiça, desacompanhado

[153] Este texto suportou a intervenção oral da autora, em 26 de Novembro de 2010, no contexto do seminário "O efeito do Tratado de Lisboa na Justiça Criminal Europeia", promovido pelo Centro de Estudos Judiciários, estando prevista a sua publicação na Revista do CEJ (no prelo). Os acórdãos, referidos nesta intervenção, serão citados apenas pelo número do processo e encontram-se disponíveis em http://eur-lex.europa.eu/pt/index.htm.

da descentralização das suas competências, suscita a questão de saber se não se verificará, num futuro próximo, um certo retrocesso neste domínio: a tramitação urgente do reenvio prejudicial poderá revelar-se incapaz de garantir a celeridade do processo, além de poder afetar a duração da própria tramitação ordinária, tornando o regime existente ainda mais moroso.

1. INTRODUÇÃO

1. Com a entrada em vigor do Tratado de Lisboa, em 1 de Dezembro de 2009, foi introduzido um novo parágrafo no artigo 267º do Tratado sobre Funcionamento da União Europeia (TFUE), nos termos do qual se for suscitada uma questão prejudicial "em processo pendente perante um órgão jurisdicional nacional relativamente a uma pessoa que se encontre detida, o Tribunal pronunciar-se-á com a maior brevidade possível". Reconheceu-se, desta forma, a necessidade de um tratamento flexível e rápido para as questões prejudiciais suscitadas em matéria criminal. O apelo a uma decisão célere na disposição mencionada, permite presumir que o Tribunal de Justiça aplicará a tramitação urgente prevista no Regulamento de Processo do Tribunal de Justiça.

2. Note-se que o Procedimento Prejudicial Urgente (da expressão francesa Procédure Préjudicielle d'Urgence e que acabou por ser adotado na jurisprudência do Tribunal de Justiça com a sigla PPU) só entrou em vigor em 1 de Março de 2008, constando, hoje, do artigo 23º-A do Estatuto do Tribunal de Justiça da União Europeia (em seguida TJUE) e do artigo 104.º-B do Regulamento do Processo do Tribunal de Justiça (doravante TJ). Trata-se, portanto, de uma tramitação especial do processo de reenvio prejudicial que coexiste com o procedimento prejudicial ordinário e com o procedimento prejudicial acelerado.

3. Para a plena compreensão do quarto parágrafo do artigo 267.º, do TFUE, interessa, deste modo, atentar quer na justificação relativa à criação de uma tramitação urgente do processo de reenvio prejudicial (distinguindo-a da tramitação acelerada), quer nas consequências do alargamento da jurisdição do Tribunal de Justiça no contexto do Espaço de Liberdade Segurança e Justiça, para depois indagarmos da aplicação efetiva de tal medida na jurisprudência da União.

2. A NECESSIDADE DA TRAMITAÇÃO URGENTE DO PROCESSO DE REENVIO PREJUDICIAL

4. O reenvio prejudicial é um mecanismo de cooperação entre tribunais; mais rigorosamente, entre o Tribunal de Justiça (uma vez que a possibilidade de o Tribunal Geral conhecer, nos termos dos artigos 256.º, n.º 3, e 267º do TFUE, das questões prejudiciais que lhe forem submetidas em matérias específicas, determinadas pelo Estatuto do Tribunal de Justiça, ainda não foi concretizada) e os Órgãos Jurisdicionais Nacionais (exigindo a apreciação desta noção, desde os acórdãos *Vaassen-Göbbels*, proc. 61/65, e *Dorsch Consult*, proc. C-54/96, n.º 23, a consideração de um conjunto de elementos tais como "a origem legal do órgão, a sua permanência, o carácter obrigatório da sua jurisdição, a natureza contraditória do processo, a aplicação pelo órgão das normas de direito, bem como a sua independência"; para uma análise detalhada destes acórdãos, cf. Manuel Fontaine Campos, "Comentário ao acórdão Vaassen-Göbbels" e "Comentário ao acórdão Dorsch Consult", *in Princípios Fundamentais de Direito da União Europeia – Uma abordagem jurisprudencial*, Almedina, 2011, pp. 177 e ss., e pp. 196 e ss.). Por outras palavras, sempre que um órgão jurisdicional nacional chamado a julgar um litígio nacional, que envolva a aplicação de normas da União, tenha dúvidas sobre a interpretação dessas normas ou sobre a validade de uma norma de direito derivado, pode (ou deve, consoante os casos) suspender a instância e reenviar as suas questões para o Tribunal de Justiça. Repare-se que o Tribunal de Justiça não deve decidir sobre o litígio nacional, apreciar os factos ou a lei nacional; deve limitar-se a interpretar e a apreciar a validade da norma europeia (ainda que na realidade os tribunais nacionais ao submeterem ao Tribunal de Justiça questões prejudiciais procurem frequentemente obter uma resposta para o caso concreto).

5. O objetivo primordial do reenvio prejudicial é pois o de garantir a uniformidade na interpretação e aplicação do direito da União Europeia; ainda que para certa doutrina (cf., sobre esta questão, Koen Lenaerts e Tim Corthaut, "Of Birds and Hedges: The Role of Primacy in Invoking Norms of EU Law", *European Law Review*, 2006, 31, pp. 287, 289-291) seja igualmente uma finalidade do mecanismo de cooperação a garantia do primado do direito da União. Por outras palavras, a 'facilidade' com que o Tribunal de Justiça aceita pronunciar-se sobre as questões prejudiciais reenviadas

teria menos a ver com um desejo de uniformidade -até porque são vários os exemplos, sobretudo no domínio do mercado interno, de decisões do Tribunal de Justiça que não se afiguram, pelo menos à primeira vista, particularmente consistentes – do que com o receio da inaplicabilidade do direito da União pelos tribunais nacionais.

6. Em todo o caso, a uniformidade do direito da União foi a finalidade enfatizada pelo próprio Tribunal de Justiça no acórdão *Foto-Frost* (proc. 314/85) quando se arrogou competência exclusiva para a apreciação da validade das normas da União, quer essa apreciação fosse realizada no contexto do recurso de anulação (art.º 263º TFUE), quer fosse efetuada, por via incidental, no âmbito do reenvio prejudicial (art.º 267º TFUE). À luz da jurisprudência *Foto-Frost,* todos os tribunais nacionais (sejam estes uma instância superior ou inferior, da qual há possibilidade de recurso) são obrigados a reenviar para o Tribunal de Justiça sempre que tenham dúvidas sobre a validade de uma norma da União e se inclinem para a sua invalidade (sem prejuízo de, nos termos da jurisprudência *Zuckerfabrick,* proc. C-143/88, o órgão jurisdicional nacional, em processos urgentes, poder suspender a execução de um ato nacional, adotado em execução de um ato da União, invocando a invalidade deste último; para uma análise detalhada desta jurisprudência, cf. Inês Quadros, "Comentário ao acórdão Foto-frost" *in Princípios Fundamentais de Direito da União Europeia – Uma abordagem jurisprudencial,* Almedina, 2011, pp. 236 e ss., e ainda, da mesma autora, "Comentário ao acórdão Cilfit" *in Princípios ...,* ob. cit., pp. 217 e ss.).

7. Esta obrigação de reenvio, de criação pretoriana, acresce, assim, à prevista no próprio TFUE. De facto, também o artigo 267º, terceiro parágrafo, do TFUE, estabelece que os órgãos jurisdicionais nacionais, cujas decisões não sejam suscetíveis de recurso judicial previsto no direito interno (sejam estes órgãos Supremos Tribunais ou não, segundo a jurisprudência *Lyckeskog,* proc. C-99/00), devem reenviar sempre que tenham dúvidas sobre a interpretação de uma norma da União. Todavia, ao contrário da hipótese prevista no acórdão *Foto-Frost,* no caso da obrigatoriedade de reenvio, estabelecida no artigo 267º do TFUE, o órgão jurisdicional nacional pode ficar dispensado dessa obrigação, nos termos do acórdão *Cilfit* (proc. 283/81, n.ºs 10, 13 e 16). Segundo o Tribunal de Justiça, o órgão jurisdicional nacional não é obrigado a reenviar se a questão não for pertinente, ou for materialmente idêntica a uma questão que já foi decidida a título prejudicial num caso análogo, ou ainda se a questão não

suscitar nenhuma dúvida razoável sobre a sua resolução (ainda que nesta última hipótese se devam verificar os limites fixados nos n.os 16 a 20 do acórdão *Cilfit,* limites esses que, ironicamente, quase criam uma obrigação de reenvio sempre que os tribunais nacionais pretendam invocar a teoria do ato claro; aliás, tais limites deveriam ser flexibilizados, do nosso ponto de vista, atendendo à jurisprudência mais recente do Tribunal de Justiça – *Comissão/Itália,* proc. C-129/00, *Kühne & Heitz,* proc. C-453/00 e *Köbler,* proc. C-224/01 – que procura sensibilizar os tribunais nacionais para as eventuais consequências da violação do direito da União por decisão jurisdicional).

8. Na prática, o mecanismo do reenvio tem sido frequentemente utilizado pelo Tribunal de Justiça como um pretexto para acelerar o processo de integração europeia, forçando não poucas vezes o Conselho e o Parlamento Europeu a atuar. É certo que este ativismo judicial não é aceite pacificamente pelos Estados, tendo o Tribunal de Justiça sido regularmente acusado de extravasar as suas atribuições, assumindo competências quase legislativas (sobre a questão de saber se, com o aprofundar da integração europeia, o papel do Tribunal deve, ou não, ser reduzido ao mínimo, cf. P. Craig e G. Burca, *EU Law, Texts, Cases and Materials,* Oxford, 2008, pp. 73 e ss).

9. Independentemente do juízo a fazer sobre esta questão, a verdade é que o mecanismo do reenvio prejudicial se revelou um sucesso, quer em termos substantivos, quer em termos quantitativos. Em termos substantivos verificamos que princípios estruturais da União Europeia foram proclamados pelo Tribunal de Justiça no âmbito de procedimentos prejudiciais; basta referir, a título ilustrativo, o bem conhecido princípio do efeito direto, afirmado pela primeira vez no acórdão *Van Gend & Loos* (proc.26/62), ou o princípio do primado, proclamado inicialmente no acórdão *Costa/ENEL* (proc. 6/64) e que, só com a entrada em vigor do Tratado Reformador, passou a constar da Declaração n.º 17, anexada à Ata Final da Conferência Intergovernamental que aprovou o Tratado de Lisboa (para uma análise desta e de outra jurisprudência essencial, cf. Sofia Oliveira Pais, *Princípios Fundamentais de Direito da União Europeia – Uma Abordagem Jurisprudencial,* Almedina, 2011) .

10. Em termos quantitativos, confirmamos igualmente que mais de metade dos processos analisados pelo Tribunal de Justiça são fruto do reenvio prejudicial e que o seu número tem crescido todos os anos (de facto, segundo as estatísticas do Tribunal, em 2005 entraram 221 pedidos

prejudiciais ao passo que em 2009 o seu número elevava-se a 302, cf. http://curia.europa.eu/jcms/upload/docs/application/pdf/2010-05/ra09_stat_cour_final_pt.pdf).

11. O incremento de questões prejudiciais reenviadas para o Tribunal de Justiça tem, não obstante, um custo não despiciendo: o processo de decisão torna-se extremamente moroso. Trata-se, em todo o caso, da consequência natural dos sucessivos alargamentos da União e das competências acrescidas dessa mesma União. Mantendo-se centralizado no Tribunal de Justiça o poder de decisão das questões prejudiciais de interpretação e de apreciação de validade das normas da União, o processo torna-se, inevitavelmente, muito moroso. O reenvio tornou-se vítima do seu próprio sucesso!

12. E daí que surjam várias propostas no sentido da reformulação desse mecanismo: limitar aos Supremos Tribunais o recurso ao reenvio prejudicial; garantir que o Conselho estabelece quais as questões de direito da União que podem ser objeto de reenvio; operar-se a descentralização do processo de reenvio, seja através da criação na União de novos Tribunais de Primeira Instância, seja através da atribuição a cada Estado-Membro de um juiz da União (ainda que com o risco de conduzir, nas palavras de Sacha Prechal, à "nacionalização" do direito da União, cf. "The Preliminary procedure: a role for legal scholarship?", *in The Uncertain Future of the Preliminary Rulings Procedure,* Symposium Council of State, The Netherlands 30 January 2004, p. 5); e, *at last but not the least,* alargar-se a autonomia dos tribunais nacionais na interpretação e aplicação do direito da União, solução esta que poderia mesmo, segundo alguma doutrina, conduzir à abolição do mecanismo de reenvio prejudicial a partir do momento em que os tribunais nacionais considerassem tal direito como parte do ordenamento nacional, sendo responsáveis pela respetiva aplicação (sobre as várias propostas enunciadas, cf. Komárek, Jan, "In the Court(s) We Trust? On the Need for Hierarchy and Differentiation in the Preliminary Ruling Procedure", disponível em http://ssrn.com/abstract=982529, p. 22 e Philip Allot, "Preliminary Rulings – Another Infant Disease", *European Law Review,* 2000, 25, pp. 538 e ss.). Nenhuma destas propostas foi, todavia, claramente implementada até hoje.

13. É certo que ao longo dos anos foram sendo apresentadas algumas soluções com o objetivo de tornar o processo de decisão mais célere. Refira-se, por exemplo, a alteração introduzida ao artigo 20º do Estatuto

do TJUE, nos termos do qual o Tribunal pode, nos casos em que considere que o processo não suscita questões de direito novas, e ouvido o advogado-geral, decidir que a causa seja julgada sem conclusões do advogado-geral.

14. Já o artigo 104º, nº 3, do Regulamento do Processo do TJ, por seu turno, estabelece que "quando uma questão prejudicial for idêntica a uma questão que o Tribunal de Justiça já tenha decidido, ou quando a resposta a essa questão possa claramente ser deduzida da jurisprudência, o Tribunal pode, depois de ouvir o advogado-geral, a qualquer momento, decidir por meio de despacho fundamentado, no qual fará referência ao acórdão anterior ou à jurisprudência em causa".

15. Além disso, recorde-se a possibilidade prevista no artigo 256º, nº 3, do TFUE, de o Tribunal Geral conhecer das questões prejudiciais em matérias específicas determinadas pelo Estatuto do TJUE. Trata-se de uma solução que permitiria descentralizar as decisões, aliviando o Tribunal de Justiça. Infelizmente, tal disposição permanece ainda hoje letra morta, pois o Estatuto continua omisso sobre este ponto.

16. Por fim, convém mencionar a introdução do Procedimento Prejudicial Acelerado (PPA). Repare-se que, inicialmente, a possibilidade de os interessados recorrerem à tramitação acelerada só existia para os recursos diretos. Foi apenas na sequência das alterações introduzidas ao Regulamento de Processo do TJ, em 1 de Fevereiro de 2001, que o Presidente do Tribunal de Justiça passou a poder decidir, sob proposta do juiz relator, e ouvido o advogado-geral, submeter um reenvio prejudicial a tramitação acelerada (nos termos do artigo 104.º – A do Regulamento de Processo do TJ). Por razões várias, todavia, esta tramitação não se revelou particularmente bem sucedida. De facto, como sublinhou Koen Lenaerts (cf. "Le traité de Lisbonne et la protection juridictionnelle des particuliers en droit de l'Union", *Cahiers de Droit Européen*, 2009, n.os 5-6, pp. 711 e ss.) a tramitação acelerada, além de não ser especialmente rápida, tem sido utilizada de forma excepcional.

17. Em suma, as alterações referidas não melhoraram significativamente a rapidez do processo prejudicial, o qual continua a revelar-se bastante moroso, especialmente no caso da tramitação ordinária (recorde-se que, em 2009, os processos de reenvio continuavam a durar, em média, 17 meses). Ora, tão importante como garantir a uniformidade do direito da União é a necessidade de o Tribunal decidir rapidamente. Só assim será assegurado o princípio da proteção jurisdicional efetiva, princípio

este reconhecido, desde cedo, na jurisprudência europeia e hoje plasmado claramente no artigo 47º da Carta dos Direitos Fundamentais da UE.

18. A questão da rapidez da decisão do tribunal é aliás especialmente pertinente no espaço de liberdade segurança e justiça: recorde-se o exemplo de escola, hoje previsto no TFUE, do indivíduo que se encontra detido. São situações que necessitam de uma resposta célere e não se compadecem com processos (de reenvio) morosos. A ausência de uma resposta rápida pode conduzir mesmo à negação da justiça.

19. E daí que, com este objetivo específico – garantir a celeridade do processo –, tenha sido criado, em 1 de Março de 2008, por Decisão do Conselho de 20.12.2007, 2008/79/CE Euratom (JO L 24/42 de 21.01.2008) o *Procedimento Prejudicial Urgente (PPU)*. Trata-se de uma tramitação que procura garantir o encerramento do processo em 3 meses (e, de facto, entre 2008 e 2010 os processos que seguiram este tipo de tramitação têm sido decididos em cerca de dois meses). A rapidez da decisão tem em todo o caso de ser compatibilizada com outros interesses igualmente relevantes, designadamente, os direitos processuais das partes; ou seja, é preciso encontrar-se o justo equilíbrio entre os vários interesses envolvidos.

3. DISTINÇÃO ENTRE PROCEDIMENTO PREJUDICIAL URGENTE (PPU) E PROCEDIMENTO PREJUDICIAL ACELERADO (PPA)

20. Hoje, a tramitação urgente dos pedidos de decisão prejudicial vem prevista no artigo 23.º-A do Estatuto do TJUE e no artigo 104.º-B do Regulamento do Processo do TJ. Distingue-se do processo de tramitação acelerada, que foi criado mais cedo, em 2001, e se encontra previsto no art.º 23.º-A do Estatuto e no artigo 104.º-A do Regulamento do Processo do TJ.

21. Apesar de, nos dois casos, a tramitação ser geralmente pedida pelo órgão jurisdicional nacional, e de as circunstâncias invocadas deverem justificar a urgência extraordinária em responder à questão submetida a título prejudicial, há diferenças a assinalar.

22. Do ponto de vista substantivo, o Procedimento Prejudicial Acelerado (PPA) pode ser aplicado a qualquer matéria objeto do direito da União, ao passo que o Processo Prejudicial Urgente (PPU) só se aplica no âmbito do Título V da Parte III do TFUE, isto é, no âmbito do Espaço de Liberdade Segurança e Justiça (ELSJ). O Tribunal de Justiça refere dois

casos em que o órgão jurisdicional nacional poderá apresentar um pedido de tramitação prejudicial urgente: na hipótese prevista no artigo 267.º, quarto parágrafo, TFUE, de uma pessoa detida ou privada de liberdade, quando a resposta à questão colocada seja determinante para a apreciação da situação jurídica dessa pessoa, ou no caso de um litígio relativo ao poder parental ou à guarda de crianças, quando a competência do juiz chamado a julgar a causa nos termos do direito da União dependa da resposta à questão prejudicial (cf. ponto 36 da Nota Informativa relativa à apresentação de pedidos de decisão prejudicial pelos órgãos jurisdicionais nacionais, JO 2009/C 297/01).

23. Do ponto de vista processual, importa igualmente salientar algumas diferenças. Por um lado, a duração dos processos é diferente. O PPA dura geralmente o dobro do tempo do PPU, não ultrapassando este último, em média, os dois meses (ou seja, o PPU foi claramente simplificado).

24. Por outro lado, a tramitação acelerada tem de ser pedida pelo órgão jurisdicional nacional, ao passo que o PPU pode ser pedido oficiosamente pelo Presidente do Tribunal de Justiça (cf. artigo 104º-B nº 1, terceiro parágrafo, do Regulamento do Processo do TJ), ainda que esta última possibilidade tenha vindo a ser contestada por alguma doutrina com o argumento de que a aplicação *ex officio* do PPU abriria a possibilidade de o Tribunal de Justiça rever a apreciação dos factos efetuada pelo tribunal nacional (cf. Chevalier Bernard, "Les nouveaux développements de la procédure préjudicielle dans le domaine de l'espace judiciaire européen: la procédure préjudicielle d'urgence et les réformes principales prévues par le traité de Lisbonne", *in Humanities, Social Sciences and Law, ERA-Forum*, 2009, vol. 9, no 4, pp. 591 e ss:)

25. Nos casos em que o PPU começa a pedido do órgão jurisdicional nacional, este tem de "expor as circunstâncias de direito e de facto comprovativas da urgência, designadamente os riscos que a opção pela tramitação prejudicial urgente representa" (artigo 104.º-B, n.º 1, segundo parágrafo do Regulamento do Processo do TJ). Assim, por exemplo, no caso *Leymann e Pustovarov* (proc. C-388/08), o pedido de tramitação urgente do reenvio prejudicial relativo à interpretação da Decisão-quadro 2002/584, sobre o Mandado de Detenção Europeu (MDE), foi apresentado no âmbito de um procedimento penal instaurado contra dois indivíduos (entregues às autoridades finlandesas) acusados de infração grave relacionada com estupefacientes; o pedido foi aceite, uma vez que os indivíduos em causa foram

condenados a penas de prisão, aparentemente por infrações diferentes das referidas nos MDE, podendo a resposta do Tribunal de Justiça conduzir à redução da duração da pena.

26. Acresce que a comunicação do pedido também é diferente. No caso do PPA o pedido tem de ser entregue na secretaria do Tribunal, ao passo que no PPU o pedido pode ser formulado eletronicamente; ou seja, enquanto no PPA a transmissão do pedido original, na secretaria, tem de ser feita no prazo de dez dias após o envio de observações escritas por telecopiador, no caso do PPU basta que a cópia da decisão de reenvio assinada com um pedido de tramitação urgente seja transmitida por correio electrónico ou por telecopiador (cf. ponto 42 da Nota Informativa, cit.).

27. Para que a Secretaria do Tribunal possa dar um tratamento específico ao processo, o pedido de tramitação urgente deve ser apresentado "num documento distinto da decisão de reenvio" e o órgão jurisdicional nacional deve indicar "o seu ponto de vista sobre a resposta a dar à questão ou às questões colocadas" (nºˢ 37 e 39 da Nota Informativa, ob. cit.). Esta faculdade de o órgão jurisdicional nacional sugerir uma resposta para as questões suscitadas já tinha, aliás, sido defendida pelo Parlamento Europeu (cf. "The Role of the National Judge in the European Judicial System", INI/2007/2027 : 09/07/2008 – EP: non-legislative resolution), a par de outras soluções, como a possibilidade de o órgão jurisdicional reformular as questões prejudiciais apresentadas, ou, no caso de ser o Tribunal de Justiça a reformular a questão, ser ouvido sobre essa questão. O objetivo é, evidentemente, o de reforçar o papel dos tribunais nacionais no diálogo desenvolvido com o Tribunal de Justiça, ainda que tal desiderato só possa ser alcançado se os tribunais nacionais tiverem um bom domínio da legislação da União.

28. Formulado o pedido, a decisão de aplicar a tramitação urgente cabe à 3ª secção do Tribunal de Justiça (designada "secção PPU"), constituída nos termos do art.º 9º do Regulamento do Processo do TJ, a qual assegura, como refere Koen Lenaerts ("Le traité...", ob. cit. pp. 711 e ss), um *sistema de permanência* que garante uma aplicação eficaz e coerente do processo.

29. Finalmente, interessa referir que, ao contrário do PPA, no PPU a notificação da decisão é imediata (sem esperar pela tradução nas restantes línguas oficiais), a apresentação das observações escritas deve ser feita no prazo mínimo desejável de dez dias, e é reservada "às partes no litígio perante o órgão jurisdicional nacional, ao Estado-membro a que pertence

esse órgão, bem como às instituições mencionadas no artigo 23º, primeiro parágrafo do Estatuto" (cf. artigo 104.º – B, nº 2, primeiro parágrafo do Regulamento do Processo do TJ e Deliberação do Conselho da UE – JO L 24 de 29.1.2008). Aliás, em casos de extrema urgência a secção pode mesmo omitir a fase escrita (cf. artigo 104.º-B, nº 5, terceiro parágrafo, do Regulamento do Processo do TJ).

4. A COOPERAÇÃO JUDICIÁRIA COM A ENTRADA EM VIGOR DO TRATADO DE LISBOA

30. Com o Tratado Reformador são reforçadas as competências do Tribunal de Justiça da União Europeia (TJUE) no domínio do Espaço de Liberdade Segurança e Justiça (ELSJ), regido inicialmente por "dois tratados e dois métodos – o comunitário e o intergovernamental" (cf. Nuno Piçarra, "O Tratado de Lisboa e o espaço de liberdade, segurança e justiça", *Cadernos O Direito,* 2010, 5, p. 252). De facto, antes de Lisboa, as disposições no ELSJ encontravam-se divididas em duas partes: o Título IV do Tratado da Comunidade Europeia (TCE) abrangia as regras sobre vistos, asilo e outras políticas relativas à livre circulação de pessoas, ao passo que o Título VI do Tratado da União Europeia (TUE) continha as disposições relativas à cooperação policial e judiciária em matéria penal.

31. Nessa época, a jurisdição do Tribunal de Justiça encontrava um duplo limite: por um lado, o artigo 68º do TCE abria um desvio ao regime do artigo 234.º, desse mesmo Tratado [hoje artigo 267º do TFUE], e estabelecia que os tribunais inferiores não podiam colocar questões prejudiciais sobre o Título IV do TCE ao Tribunal de Justiça; por outro lado, o artigo 35º do TUE subordinava a competência do Tribunal de Justiça para decidir no contexto do Título VI do TUE à aceitação de tal competência pelo Estado-Membro em causa, mediante declaração feita no momento da assinatura do Tratado de Amesterdão ou mais tarde. Ficava, deste modo, dependente da vontade do Estado-Membro a competência do Tribunal para interpretar e apreciar a validade de decisões-quadro ou decisões sobre a interpretação das convenções estabelecidas ao abrigo daquele título.

32. Note-se que a solução fixada no referido artigo 35.º do TUE era tão restritiva que, em 2006, o advogado-geral Mengozzi (cf. conclusões apresentadas em 26.10.2006, nos processos C – 354/04 P e 355/04 P, n.º 121)

defendeu que, para superar as limitações dessa disposição, os órgãos jurisdicionais nacionais deveriam poder apreciar a validade das decisões-quadro ou das decisões no âmbito da cooperação policial e judiciária em matéria penal, mesmo que tal solução pudesse comprometer o objetivo de uniformidade do direito da União. Por outras palavras: segundo o advogado-geral a jurisprudência *Foto-frost* não devia ser aplicada neste domínio.

33. A proposta de Mengozzi não vingou e a solução passou pelo afastamento do artigo 35.º do TUE, bem como do artigo 68.º do TFUE.

34. Com efeito, as duas disposições foram revogadas pelo Tratado de Lisboa, passando o artigo 267º do TFUE a ter, à primeira vista, um campo de aplicação geral: o reenvio prejudicial no ELSJ já não depende da vontade dos Estados-Membros e deixa de ser da competência, apenas, dos tribunais superiores. Reforça-se, por um lado, a competência dos tribunais nacionais (inferiores), solução que está, aliás, em consonância com o objetivo da aplicação descentralizada do direito da União; e, por outro lado, as disposições do ELSJ ficam sujeitas à jurisdição do Tribunal de Justiça, permitindo, aparentemente, uma maior coerência, uniformidade e eficácia dessas mesmas normas.

35. Na prática, a extensão da jurisdição do TJUE no ELSJ continua sujeita a duas restrições. A primeira é herdada do regime anterior: o TJUE continua a não ter competência para "fiscalizar a validade ou proporcionalidade de operações efetuadas pelos serviços de polícia ou outros serviços responsáveis pela aplicação da lei num Estado-Membro, nem para decidir sobre o exercício das responsabilidades que incumbem aos Estados-Membros em matéria de manutenção da ordem pública e de garantia da segurança interna" (artigo 276º do TFUE).

36. A segunda exceção consta do artigo 10.º do Protocolo sobre disposições transitórias: a título transitório, durante 5 anos (ou seja, até 2014), mantém-se o regime do (ex) art.º 35º do TUE para os atos da União no domínio da cooperação policial e cooperação judiciária em matéria penal, adotados antes da entrada em vigor do Tratado de Lisboa.

37. Ora, tendo sido estendida a jurisdição do TJUE ao domínio em apreço, não se compreende que a reforma seja adiada por cinco anos. É certo que a fixação de um regime transitório pode ter sido o "preço a pagar" para se convencer todos os Estados-Membros a aceitarem a integração do antigo Título VI do TUE no novo ELSJ; a implementação gradual do modelo comunitário na área em causa permitiria vencer as resistências de

alguns Estados-Membros. Ainda assim, trata-se de mais uma "concessão à soberania dos Estados-Membros" a demonstrar que a comunitarização do ELSJ não é plena (cf. Ana Guerra Martins, "Algumas notas sobre o espaço de liberdade, segurança e justiça no Tratado de Lisboa", *Cadernos O Direito*, 2010, 5, p. 29).

38. Observe-se, por fim, que, além das medidas referidas, foram introduzidas outras alterações ao ELSJ, pelo Tratado de Lisboa, que reforçam o interesse da extensão da jurisdição do TJUE, e em especial o da aplicação do artigo 267.º, quarto parágrafo do TFUE, ainda que surjam dúvidas sobre a sua eficácia a longo prazo. Na verdade, o facto de o processo legislativo ordinário passar a ser a regra também no contexto do ELSJ, associado à existência de uma nova base jurídica quer para a criação de uma Procuradoria Europeia (artigo 86.º do TFUE), quer para a adoção de diretivas relativas à definição de infrações penais e sanções em domínios de criminalidade particularmente grave com dimensão transfronteiriça (artigo 83.º do TFUE), quer ainda para a adoção de medidas sobre os passaportes, bilhetes de identidade ou títulos de residência, necessárias à promoção da livre circulação de pessoas (artigo 77.º, n.º 3, do TFUE), contribuirão para aumentar o número de reenvios prejudiciais, com reflexos negativos na duração do processo.

5. O PROCEDIMENTO PREJUDICIAL URGENTE NA JURISPRUDÊNCIA DO TRIBUNAL DE JUSTIÇA

39. Apesar de o Procedimento Prejudicial Urgente (PPU) ter sido criado em 2008, e o seu interesse reforçado com a entrada em vigor do Tratado de Lisboa, a verdade é que ainda são relativamente poucos os casos em que o Tribunal aplicou a tramitação urgente ao processo de reenvio prejudicial.

40. De facto, entre Março de 2008 e Novembro de 2010, o Tribunal só aplicou o PPU em sete casos: quatro referiam-se ao Regulamento 2201/2003, dois ao Mandado de Detenção Europeu e um à diretiva 2008/115/CE.

41. No primeiro caso, *Inga Rinau* (proc. C-195/08 PPU), o Tribunal de Justiça foi questionado pelo Tribunal Supremo da Lituânia sobre a interpretação do Regulamento 2201/2003, de 27 de Novembro (Bruxelas II), relativo à competência, reconhecimento e execução das decisões em

matéria matrimonial e de responsabilidade parental; mais precisamente, a jurisdição nacional inquiriu sobre o não reconhecimento de uma decisão de regresso de um menor ilicitamente retido noutro Estado-Membro. O PPU foi justificado dado o carácter urgente do regulamento, que fixa um prazo de seis semanas para o tribunal se pronunciar quanto ao pedido de regresso de um menor em caso de retenção ilícita (*in casu* a criança vivia com a mãe na Lituânia, apesar de a guarda ter sido confiada provisoriamente ao pai); ou seja, a ausência de uma solução rápida criaria prejuízos irreparáveis nas relações entre a criança e o progenitor com o qual não vive, degradando-se tais relações de modo irreversível.

42. Apesar de se tratar de um caso complicado, a decisão foi muito rápida. Tendo sido o pedido apresentado em 21 de Maio de 2008, a decisão de aplicação foi tomada um dia depois de o Tribunal o receber: em 23 de Maio. O acórdão final, por seu turno, foi proferido em 11 de Julho de 2008, tendo, deste modo, o processo demorado um pouco menos de dois meses!

43. Por razões semelhantes, o Tribunal de Justiça aceitou os pedidos de tramitação urgente do tribunal esloveno no caso *Jasna Deticek* (proc. C-403/09 PPU), do tribunal irlandês no caso *J. McB. contra L. E.* (proc. C-400/10 PPU) e do tribunal austríaco no caso *Povse/Mauro Alpago* (proc. C-211/10 PPU), nos quais se discutiram o direito de guarda, no âmbito do Regulamento Bruxelas II. Também nestes processos o Tribunal considerou que uma decisão tardia seria contrária ao interesse da criança e deterioraria as relações desta com o progenitor.

44. Já no contexto da cooperação policial e judiciária em matéria penal, o PPU apenas foi aplicado em dois casos, relativos à interpretação da Decisão-quadro 2002/584/JAI, sobre o Mandado de Detenção Europeu. No primeiro caso, *Ignacio Pedro Santesteban Goicoechea* (proc. C-296/08 PPU), as questões prejudiciais incidiam sobre a possibilidade prevista na Decisão-quadro de um Estado-Membro continuar a aplicar extradições com base em convenções bilaterais anteriores. O PPU foi aplicado, uma vez que o indivíduo se encontrava detido.

45. No caso *Leymann e Pustovarov* (proc. C-388/08), o pedido de tramitação urgente do reenvio prejudicial relativo à interpretação do artigo 27.º da Decisão-quadro 2002/584, sobre o Mandado de Detenção Europeu, foi aplicado, como já referimos, uma vez que a resposta do Tribunal de Justiça poderia levar à redução da pena de prisão aplicada naquele caso e permitir que a libertação ocorresse mais cedo.

46. Finalmente, no caso *Said Shamilovich Kadzoev* (proc. C-357/09 PPU), o pedido visava a interpretação do art.º 15º da diretiva 2008/115/CE, relativa ao regresso de nacionais de países terceiros em situação irregular. Neste processo, um nacional da Chechénia, sem documentos, foi detido, em 2006, num centro búlgaro de instalação temporária. O despacho de condução coerciva à fronteira foi, todavia, suspenso, pois o indivíduo em causa foi considerado apátrida, pediu asilo e a substituição da medida de detenção por uma medida mais leve foi recusada pelo facto de não ter documentos, ser considerado agressivo e não ter meios de subsistência. Neste caso foi aplicada a tramitação urgente, uma vez que o direito búlgaro não prescrevia a duração máxima, nem os fundamentos da detenção e não havia disposições transitórias para o período anterior à transposição da diretiva 2008/115/CE, tendo o Tribunal de Justiça decidido que, uma vez esgotado o prazo da diretiva, os detidos em centros de instalação temporária tinham de ser libertados.

6. CONCLUSÃO

47. Com a entrada e vigor do Tratado de Lisboa foi alterado o mecanismo do reenvio prejudicial no contexto do Espaço de Liberdade, Segurança e Justiça: foram eliminadas as restrições estabelecidas nos artigos 35º do TUE e 68º do TCE, sendo integradas estas matérias no sistema judicial da União Europeia. Além disso, foi introduzido um novo parágrafo no artigo 267.º do TFUE com o objetivo de tornar mais céleres as decisões em processos prejudiciais no domínio criminal. Dado o apelo feito nessa norma a que o Tribunal se pronuncie "com a maior brevidade possível", presume-se o recurso à tramitação urgente, prevista no Regulamento de Processo do TJ. Trata-se de uma solução necessária, que representa, aparentemente, um avanço relevante nesta área. Não obstante, o objetivo visado poderá ficar comprometido com o excesso de trabalho atribuído ao Tribunal de Justiça: a sua jurisdição foi estendida sem terem sido adotadas as medidas necessárias à aplicação descentralizada do mecanismo de reenvio. Em síntese, apesar de a solução introduzida no último parágrafo do artigo 267.º do TFUE se apresentar como desejável em matéria criminal, poderá ficar aquém das expectativas e conduzir, num futuro próximo, a um certo retrocesso em termos de celeridade processual. Se se mantiver

a aplicação centralizada do mecanismo do reenvio, a tramitação urgente poderá revelar-se incapaz de garantir a rapidez da decisão, além de poder afetar a duração da tramitação ordinária, tornando o regime existente ainda mais moroso.

III
Assimetrias no contencioso da União Europeia depois de Lisboa e a sensação de *déjà vu*[154]

SUMÁRIO: Com a entrada em vigor do Tratado de Lisboa, em 1 de Dezembro de 2009, foram introduzidas algumas alterações às vias contenciosas no contexto da União Europeia, surgindo algumas assimetrias não só quanto à legitimidade ativa e passiva no âmbito do recurso de anulação relativamente à ação por omissão, mas ainda dentro do próprio recurso de anulação. De facto, ao não atribuir legitimidade ativa ao Conselho Europeu e aos órgãos e organismos da União, ainda que reconhecendo-lhe aí legitimidade passiva, e reconhecendo-lhes mesmo essa dupla legitimidade na ação por omissão, levantam-se dúvidas sobre a adequação das soluções fixadas no Tratado sobre o Funcionamento da União Europeia, bem como sobre as vantagens da intervenção do Tribunal de Justiça para preencher o aparente vazio jurídico, à semelhança do que sucedeu no passado, designadamente, em relação ao Parlamento Europeu.

1. INTRODUÇÃO

O controlo da legalidade dos atos da União, reservado aos tribunais da União, para garantir, designadamente, a uniformidade do direito da União Europeia, pode ser assegurado diretamente através do recurso

[154] Versão resumida do estudo elaborado para os Estudos em Homenagem ao Professor Jorge Miranda (no prelo).

de anulação. Enquanto este permite impugnar um ato da União ilegal, a ação por omissão visa sancionar a inércia de uma instituição ou órgão da União, quando existe a obrigação de atuar.[155]. Com a entrada em vigor do Tratado de Lisboa, além de modificações semânticas[156], e do alargamento das competências do Tribunal de Justiça[157], são introduzidas algumas alterações aos meios contenciosos referidos, destacando-se a extensão, assimétrica, da legitimidade ativa e passiva no contexto do recurso de anulação e da ação por omissão, solução que, não obstante contribuir para a implementação do princípio da tutela jurisdicional efetiva, não deixa de suscitar algumas dúvidas [158].

2. O RECURSO DE ANULAÇÃO

A legalidade dos atos das instituições e órgãos da União pode ser fiscalizada diretamente, através do recurso de anulação, ou indiretamente, por meio do reenvio prejudicial.

Nos termos do artigo 263º do Tratado sobre o Funcionamento da União Europeia (TFUE) são quatro os *fundamentos* do recurso de anulação,

[155] Para uma análise geral do contencioso da União Europeia, e da sua evolução, vejam-se Rui Moura Ramos, *Das Comunidades à União Europeia. Estudos de Direito Comunitário*, Coimbra editora, 1994, pp. 65 e ss, Fausto de Quadros e Ana Maria Guerra Martins, *Contencioso da União Europeia*, Almedina, 2ª ed., especialmente pp. 134 e ss, João Mota Campos e João Luiz Mota de Campos, *Manual de Direito Comunitário,* Fundação Calouste Gulbenkian, 4ª ed., pp. 468 e ss., Maria José Rangel de Mesquita, *A União Europeia após o Tratado de Lisboa,* Almedina, 2010, pp. 153 e ss, e Alessandra Silveira, *Princípios de Direito da União Europeia, Doutrina e Jurisprudência,* Quid Iuris, 2011, pp. 229 e ss.

[156] Como é sabido, com a entrada em vigor do Tratado de Lisboa, foi introduzida a expressão "Tribunal de Justiça da União Europeia" que passou a abranger, nos termos do artigo 19º, n.º 1, do Tratado da União Europeia, os vários tribunais da União: Tribunal de Justiça, propriamente dito, Tribunal Geral e tribunais especializados.

[157] Sobre as competências deste Tribunal com a entrada em vigor do Tratado de Lisboa, cf. Sofia Oliveira Pais, "O Tratado de Lisboa e a renovação das instituições da União Europeia", *Cadernos O Direito* 5 (2010), pp. 342 e ss.

[158] Note-se que o princípio da tutela jurisdicional efetiva, num "Estado de direito", não se esgota no acesso à via judiciária, antes apresenta "um conteúdo muito rico que se desdobra em diversos subprincípios e em vários direitos fundamentais", assim Rui Medeiros, "Anotação ao artigo 20º", *in* Jorge Miranda, Rui Medeiros, *Constituição Portuguesa Anotada,* Tomo I, 2ª ed., Coimbra editora, p. 437.

podendo dois ser invocados oficiosamente, enquanto razões de ordem pública: a incompetência (que pode ser absoluta, isto é, a União não pode atuar no domínio à luz do qual foi adotado o ato; ou relativa, ou seja, o ato foi adotado por uma instituição diferente da prevista no Tratado[159]) e a violação de formalidades essenciais (nomeadamente, a violação da obrigação de fundamentação, do princípio do contraditório, dos direitos de defesa, das regras de votação ou do pedido de parecer previsto no Tratado; já a falta de publicação, ou notificação, não são uma questão de validade, mas de eficácia).

São igualmente fundamentos do recurso de anulação, a violação dos Tratados (por exemplo, o incumprimento da hierarquia das normas) e o desvio de poder (a autoridade administrativa usou os seus poderes com um objetivo diferente daquele para que lhe foram conferidos; aliás, uma decisão só enferma de desvio de poder se, com base em indícios objetivos, pertinentes e concordantes, se verificar que foi adotada com a finalidade exclusiva, ou pelo menos determinante, de atingir fins diversos dos invocados)[160].

São *objeto* de recurso de anulação, no prazo de dois meses (a contar da notificação, publicação ou conhecimento, consoante os casos)[161], nos termos do artigo 263º do TFUE, os atos legislativos do Conselho, da Comissão e do Banco Central Europeu, que não sejam recomendações e pareceres, e os atos do Parlamento Europeu e do Conselho Europeu, bem como dos órgãos ou organismos da União, destinados a produzir efeitos jurídicos em relação a terceiros[162]. Além disso, nos termos do artigo 271º, n.º 1, alíneas b) e c) do TFUE, o Tribunal de Justiça da União Europeia (TJUE) pode ainda conhecer os recursos interpostos por qualquer Estado-Membro, Comissão (e em certos casos pelo Conselho de Administração do Banco Europeu de

[159] No caso de atos delegados é ainda necessário que a delegação seja possível e executada adequadamente.

[160] Dispondo a instituição da União de um poder discricionário, o Tribunal da União não controla a oportunidade do ato, mas apenas a adequação e proporcionalidade da medida aos objetivos visados, cf. acórdão de 19 de Junho de 2009, *Qualcomm Wireless Business Solutions Europe BV c. Comissão,* proc. T-48/04.

[161] Note-se que o recurso não tem carácter suspensivo ainda que tal efeito possa ser requerido através de uma medida provisória.

[162] Repare-se que o TJ já reconhecera no acórdão *Maurissen e Union Syndical contra Tribunal de Contas* de 11 de Maio de 1989, proc. 193 e 194/87, que os atos do Tribunal de Contas eram abrangidos pelo artigo 263º do TFUE.

Investimento) relativamente às deliberações do Conselho de Governadores do Banco Europeu de Investimento bem como às deliberações do Conselho de Administração desse Banco.

Por outras palavras, apenas serão suscetíveis de impugnação atos adotados pelas instituições, órgãos ou organismos da União e que, independentemente da sua natureza ou forma (ou seja, a nomenclatura utilizada no artigo 288º do TFUE não é decisiva), se destinem a produzir efeitos jurídicos[163]. É, deste modo, necessário que os atos da União produzam "efeitos jurídicos obrigatórios, suscetíveis de afetar os interesses dos requerentes, modificando de modo caracterizado a sua situação jurídica"[164]. Tal será o caso, por exemplo, do ato de conclusão de acordos internacionais[165], da comunicação da Comissão[166], ou mesmo das instruções internas de serviços, desde que produzam efeitos jurídicos obrigatórios[167].

Já ficarão excluídos do campo de aplicação do artigo 263º, do TFUE, os atos adotados pelas autoridades nacionais, as decisões adotadas pelos representantes dos Estados-Membros reunidos no seio do Conselho[168], os atos preparatórios[169], os atos meramente confirmativos[170], os atos em que a instituição ou o órgão da União exprimem uma opinião[171], se limitam a dar uma informação[172], ou se recusam a dá-la[173], e ainda os atos, considerados sensíveis do ponto de vista político, que não produzam efeitos jurídicos próprios, como é o caso, por exemplo, da declaração do presidente do

[163] Acórdão de 31 de Março de 1971, *Comissão c. Conselho (AETR)*, proc. 22/70.

[164] Cf. nº 9 do acórdão *IBM c. Comissão* de 11 de Novembro de 1981, proc. 60/81.

[165] Acórdão de 27 de Setembro de 1988, *Comissão c. Conselho*, proc. 165/87.

[166] Acórdão de 16 de Junho de 1993, *França c. Comissão*, proc. C-325/91.

[167] Acórdão de 9 de Outubro de 1990, *França c. Comissão*, proc. C-366/88.

[168] Na medida em que "o ato controvertido não constitui um ato do Conselho, mas sim um ato adotado coletivamente pelos Estados-Membros", cf. nº 25 do acórdão de 30 de Junho de 1993, *Parlamento c. Conselho*, proc. C – 181/91 e C-248/91.

[169] Cf. nº 12 do ac. I*BM c. Comissão* cit., uma vez que tal ato não exprime a posição definitiva da instituição da União sobre o assunto; as ilegalidade*s terão de ser invocadas em relação ao ato definitivo, de que o ato preparatório é um "mero estádio de elaboração"*.

[170] Na medida em que tal ato confirmativo não altera o ato anterior; ou seja, permitir o recurso nesse caso permitiria estender os prazos do recurso de anulação. Cf. acórdão de 29 de Junho de 1995, *Espanha c. Comissão*, proc. C-135/93.

[171] Acórdão de 15 de Setembro de 1998, proc. T-54/96.

[172] Acórdão de 24 de Junho de 1998, proc. T-596/97.

[173] Acórdão de de 22 de Outubro de 1999, *Meyer*, proc. T-106/99.

Parlamento Europeu sobre a perda do mandato de um membro do Parlamento Europeu[174].

Além disso, mesmo depois da entrada em vigor do Tratado de Lisboa, os tribunais da União continuam desprovidos de competência para apreciar a legalidade dos atos adotados no contexto da PESC (com exceção das decisões que estabeleçam medidas restritivas contra pessoas singulares ou coletivas, adotados pelo Conselho, nos termos do artigo 275º do TFUE), ao contrário do que se passa no contexto do Espaço de Liberdade Segurança e Justiça[175].

Sendo o recurso de anulação considerado fundamentado, o ato é anulado, via de regra, com efeitos retroativos e *erga omnes*, sem prejuízo de, nos termos do artigo 264º, do TFUE, e por razões de segurança jurídica, o Tribunal indicar "quando o considerar necessário, quais os efeitos do ato anulado que se devem considerar subsistentes", ou de a anulação ser parcial, se os elementos da decisão puderem ser separados.

Note-se, por fim, que o Tribunal não se pode substituir à instituição ou órgão autor do ato para o retificar. Terá de ser o autor do ato a tomar, segundo o artigo 266º do TFUE, as medidas necessárias à execução do acórdão. Por exemplo, se for anulada uma decisão da Comissão a condenar uma empresa por violação das regras da concorrência, a instituição terá de reembolsar as empresas pelas multas indevidamente pagas (acrescidas de juros moratórios). Todavia, a instituição já não terá de

[174] Acórdão de 10 de Abril de 2003, *Le Pen c. Comissão*, proc. T-353/00, que tem por objeto a anulação da decisão sob a forma de declaração adotada pelo presidente do Parlamento Europeu, que notificou o recorrente de que as autoridades nacionais lhe haviam comunicado oficialmente o dossier relativo à sua perda do mandato de deputado ao Parlamento Europeu. Também no acórdão de 13 de Julho de 2004, *Comissão c. Conselho*, proc. C-27/04, o Tribunal considerou inadmissível o pedido de anulação de atos do Conselho de 25 de Novembro de 2003, a saber, das decisões de não aprovar os instrumentos formais constantes das recomendações da Comissão, ao abrigo do artigo 104.º, n.ºs 8 e 9, TCE, em relação à República Francesa e à República Federal da Alemanha, dada a inexistência de efeitos jurídicos. Questionando o interesse da criação na União Europeia de uma solução equivalente à doutrina da 'questão política' nos Estados Unidos da América, que teria a vantagem de evitar decisões dos tribunais sobre questões políticas sensíveis, vejam-se Damien Chalmers, Christos Hadjiemmanuil, Giorgio Monti, Adam Tomkins, *European Union Law, Text and Materials*, Cambridge, 2009, pp. 414-416.

[175] Ainda que o exercício de tal competência tenha sido adiado por cinco anos e o artigo 276º do TFUE continue a proibir o controlo de certas operações de polícia.

reexaminar atos preparatórios[176], ou atos semelhantes ao anulado, que não foram impugnados no prazo devido[177].

3. A QUESTÃO DA LEGITIMIDADE ATIVA E PASSIVA NO RECURSO DE ANULAÇÃO

Podem ser objeto de recurso de anulação para os tribunais da União, nos termos do artigo 263º do TFUE, os atos das instituições, órgãos e organismos da União. Fica, deste modo, definitivamente ultrapassada a visão restritiva da *legitimidade passiva* no âmbito do recurso de anulação, plasmada no Tratado de Roma, que apena permitia o recurso de anulação dos atos do Conselho e da Comissão. Aliás, como é sabido, a legitimidade passiva do Parlamento Europeu apenas será reconhecida pelo Tratado da Comunidade Europeia na sequência da jurisprudência *Os Verdes*[178]. De facto, apesar de, na época, o texto do Tratado não permitir expressamente a impugnação dos atos do Parlamento Europeu, o Tribunal decidiu que seria contrário ao "espírito" e "sistema" do Tratado se os atos daquele instituição, que produzem efeitos jurídicos em relação a terceiros, não pudessem ser objeto de recurso de anulação, pois poderiam tais atos interferir com as competências dos Estados-Membros ou das outras instituições, ou ultrapassar os limites fixados para as competências dessa instituição, e escaparem a qualquer tipo de fiscalização[179]. E é neste contexto que o Tribunal declara que "a Comunidade Económica Europeia é uma comunidade de direito, na medida em que nem os seus Estados-Membros nem as suas instituições estão isentos da fiscalização da conformidade dos seus atos com a carta constitucional de base que é o Tratado. Especialmente por meio dos seus artigos 173.º e 184.º [hoje artigos 263º e 277º do TFUE],

[176] Acórdão de 3 de Julho de 1986, *Parlamento c. Conselho*, proc. 34/86.

[177] Acórdão de 14 de Setembro de 1999, *Assi Doman Kraft Products*, proc. C-310/97.

[178] Acórdão de 23 de Abril de 1986, proc. 294/83. Para uma análise detalhada deste acórdão, cf. Koen Lenaerts, "The basic constitutional charter of a Community based on the rule of law", in *The past and the future of EU law. The classics of EU law revisited on the 50th anniversary of the Rome Treaty*, edited by Miguel Poiares Maduro, Loïc Azoulai, Hart publishing, 2010, pp. 295 e ss., Jean-Paul Jacqué, "Les verts v The European Parliament", in *The past and the future of EU law...*, ob. cit., pp. 316 e ss., e ainda Neil Walker, "Opening or closure? The constitutional intimations of the ECJ", in *The past and the future of EU law...*, ob. cit., pp. 333 e ss.

[179] Cf. acórdão cit., nº 25.

por um lado, e do artigo 177.º [artigo 267º do TFUE], por outro, o Tratado estabeleceu um sistema completo de vias de recurso e de procedimentos destinado a confiar ao Tribunal de Justiça a fiscalização da legalidade dos atos das instituições"[180]. Trata-se de uma *dupla revolução*, segundo Jean-Paul Jacqué[181]: o Tribunal afirma pela primeira vez que os Tratados instituíram uma Comunidade (hoje União) de direito e reconhece, por outro lado, legitimidade passiva ao Parlamento Europeu, abrindo caminho para lhe atribuir igualmente, mais tarde, legitimidade ativa.

Podem interpor recurso de anulação, para os tribunais da União, nos termos do artigo 263º do TFUE, o Estado-Membro, o Parlamento Europeu, o Conselho, a Comissão, o Tribunal de Contas, o Banco Central Europeu, o Comité das Regiões e as pessoas singulares ou coletivas. A doutrina distingue, neste domínio, entre recorrentes privilegiados, semi-privilegiados e ordinários[182]. Os *recorrentes privilegiados* – Conselho, Parlamento, Comissão e Estados-Membros[183] – acedem facilmente aos tribunais da União, pois não têm de provar o seu interesse em agir; presume-se que agem no interesse geral[184]. Os *recorrentes semi-privilegiados* – Tribunal de Contas, Banco Central Europeu e Comité das Regiões[185] – apenas intervêm para salvaguardar as respectivas prerrogativas. Já os *recorrentes ordinários* -pessoas singulares ou coletivas – têm de provar o seu interesse em agir.

Ao contrário dos recorrentes privilegiados, os particulares têm uma legitimidade para agir condicionada à verificação de certas condições: "qualquer pessoa singular ou coletiva pode interpor, nas condições pre-

[180] Acórdão cit., nº 23.

[181] *Droit institutionnel de l'Union européenne*, Dalloz, 6e ed., p. 323.

[182] Fausto de Quadros e Ana Guerra Martins, *Contencioso da União Europeia*, ob. cit. loc. cit.

[183] Com a entrada em vigor do Tratado de Lisboa, o primeiro parágrafo do artigo 8º, do Protocolo n.º 1 relativo à aplicação dos princípios da subsidiariedade e da proporcionalidade, anexo ao Tratado de Lisboa, estabelece ainda que o TJUE é competente para apreciar os recursos de anulação com fundamento em violação do princípio da subsidiariedade interpostos «por um Estado membro, ou por ele transmitidos, em conformidade com o seu respetivo ordenamento jurídico interno, em nome do seu Parlamento nacional ou de uma câmara desse Parlamento».

[184] Aliás, mesmo que os recorrentes privilegiados tenham participado na decisão não é necessário que se tenham oposto à sua adoção, para mais tarde poderem interpor o recurso de anulação, cf. acórdão de 12 de Julho de 1979, *Itália c. Conselho*, proc. 166/78.

[185] Cf. o segundo parágrafo do artigo 8º do Protocolo n.º 2, relativo à aplicação dos princípios da subsidiariedade e da proporcionalidade, anexo ao Tratado de Lisboa.

vistas nos primeiro e segundo parágrafos, recursos contra os atos de que seja destinatária ou que lhe digam direta e individualmente respeito, bem como contra os atos regulamentares que lhe digam diretamente respeito e não necessitem de medidas de execução" (artigo 263º do TFUE). Por outras palavras, exceto nos casos em que o particular é destinatário do ato, é necessária a prova que o ato lhe diz direta e/ou individualmente respeito. Logo, a *afetação direta* e a *afetação individual* são condições de admissibilidade do recurso contra atos (legislativos ou não legislativos, referidos no artigo 288º do TFUE, ou outros) de que não são destinatários[186].

Como é sabido, os conceitos de afetação direta e individual foram desenvolvidos na jurisprudência do Tribunal de Justiça. A *afetação direta* do recorrente, enquanto condição da admissibilidade de um recurso de anulação, interposto por uma pessoa singular ou coletiva, de um ato que tem por destinatário uma outra pessoa, exige que a medida em causa "produza efeitos diretos na situação jurídica do recorrente e que não deixe qualquer poder de apreciação aos destinatários dessa medida encarregados da sua implementação, já que esta é de carácter puramente automático e decorre apenas da regulamentação comunitária, sem aplicação de outras

[186] Observe-se que o processo de revisão, que conduziu à entrada em vigor do Tratado de Lisboa, dava aos Estados-Membros a oportunidade para reformularem a letra do artigo 263º do TFUE e ultrapassarem as "dificuldades pragmáticas e conceptuais" da jurisprudência *Plaumann* (sobre o carácter irrealista do teste Plaumann do ponto de vista económico, bem como sobre as dificuldades da sua aplicação, cf. Paul Graig, Grainne de Búrca, *EU Law Text, Cases and Materials*, Oxford, 4th ed., pp. 512 e ss.), seguindo quiçá a solução defendida pelo advogado-geral Jacobs, no caso *UPA*, segundo o qual "uma medida comunitária diz individualmente respeito a uma pessoa quando, em razão das circunstâncias particulares desta, a medida afeta ou é suscetível de afetar negativa e substancialmente os seus interesses" (cf. conclusões apresentadas em 21 de Março de 2002 no acórdão *União de Pequenos Agricultores/Conselho*, processo C-500/00 P). A proposta de Jacobs, não convenceu o Tribunal de Justiça no caso *UPA*, mas acabou por exercer alguma influência na decisão *Jégo Quéré*. Neste acórdão o TPI afirmou que, "a fim de assegurar uma proteção jurisdicional efetiva dos particulares, deve considerar-se que uma disposição comunitária de carácter geral, que diz diretamente respeito a uma pessoa singular ou coletiva, lhe diz individualmente respeito se a disposição em questão afetar, de forma certa e atual, a sua situação jurídica, restringindo os seus direitos ou impondo-lhe obrigações. O número e a situação de outras pessoas igualmente afetadas pela disposição ou suscetíveis de o ser não são, a este respeito, considerações pertinentes". Cf. acórdão de 3 de Maio de 2002, proc. T-177/01. Refira-se ainda que este acórdão foi objeto de recurso para o TJ -acórdão *Comissão/Jégo-Quéré* de 1 de Abril de 2004, processo C-263/02 – que regressou ao teste *Plaumann*.

regras intermediárias", e verifica-se ainda "quando a possibilidade de os destinatários não implementarem o ato comunitário é puramente teórica, não existindo quaisquer dúvidas de que pretendem retirar consequências conformes a este"; ou seja, as autoridades não têm nenhum poder de apreciação quanto ao ato da União[187].

Já o conceito de *afetação individual* foi dado no caso *Plaumann*, nos termos do qual "os particulares que não sejam destinatários de uma decisão só podem afirmar que esta lhes diz individualmente respeito se os afetar devido a certas qualidades que lhes são próprias ou a uma situação de facto que os caracteriza em relação a qualquer outra pessoa e assim os individualiza de maneira análoga à do destinatário"[188]. Como sintetiza *C. Lescot*[189], a condição de afetação individual presume-se preenchida quando o recorrente foi identificado em atos do Conselho ou da Comissão[190], quando foi objeto de inspeções, quando participou no processo, apresentando, por exemplo, observações, ou seja, quando fez parte de um circulo fechado de pessoas[191].

Note-se, por fim, que a jurisprudência tem reconhecido que mesmo atos normativos podem conter disposições que afetem direta e individualmente o particular. Aliás, no domínio *antitrust* – artigos 101º e 102º do TFUE –,

[187] Acórdão de 5 de Maio de 1998, *Société Louis Dreyfus & Cie contra Comissão das Comunidades Europeias*, processo C-386/96, nºs 43 e 44 e ainda acórdão de 29 de Junho de 2004, *Front national c. Parlamento Europeu*, proc. C.486/01P.

[188] Acórdão de 15 de Julho de 1963, *Plaumann & Co. contra Comissão da Comunidade Económica Europeia*, processo 25-62.

[189] *Institutions européennes*, Paradigme, 201-2011, p. 217.

[190] Cf. acórdão de 16 de Maio de 1991, *Extramet*, proc. C – 358/89: " (...) os atos que instituem direitos *antidumping* podem em certas circunstâncias, sem perder o seu carácter regulamentar, dizer individualmente respeito a certos operadores económicos que têm, por isso, legitimidade para interpor um recurso de anulação desses atos (...) o Tribunal reconheceu ser esse o caso, em geral, das empresas produtoras e exportadoras que possam demonstrar que foram identificadas nos atos da Comissão ou do Conselho ou que os atos preparatórios lhes dizem respeito" (n.ºs 14 e 15). Note-se que o caso *Extramet*, visa um situação específica *antidumping*, não pondo em causa a jurisprudência *Plaumann*. Já no acórdão *Cordoniu*, aplicável no domínio da agricultura, discutiu-se se o Tribunal estaria a tentar flexibilizar a jurisprudência existente, fixando novas orientações, designadamente, para o Tribunal de Primeira Instância, hoje Tribunal Geral (cf. acórdão de 18 de Maio de 1994, *Cordoniu*, proc. C-308/89). A verdade é que o entusiasmo demonstrado com o caso *Cordoniu* foi esmorecendo, sobretudo a partir do processo *Greenpeace*, que confirmou, mais uma vez, a jurisprudência *Plaumann* (cf. Despacho do TPI de 9 de Agosto de 1995, *Greenpeace e o. c. Comissão*,proc. T-585/93).

[191] Ver, por exemplo, acórdão de 17 de Janeiro de 1985, *Piraiki-Patraiki*, proc. 11/82.

bem como no contexto do controlo das concentrações de empresas, foram considerados individualmente afetados por decisões de que não eram destinatários (isto é decisões dirigidas, por exemplo, a empresas concorrentes) os particulares (empresas) atingidos por decisões favoráveis a outras empresas, bem como terceiros que participaram, em certas condições, no processo de adoção da dita decisão[192].

4. A AÇÃO POR OMISSÃO

A ação por omissão visa sancionar a inação ou omissão da instituição que tem a obrigação de atuar, nos termos dos Tratados. Precisamente porque tal obrigação não existia, não foi admitida a ação intentada contra a omissão de uma política comum[193], tal como não foi considerada relevante a omissão da propositura de uma ação por incumprimento[194], ou o facto de a Comissão não examinar certas queixas apresentadas pelas empresas no domínio *antitrust*[195].

A ação por omissão desenrola-se em *duas fases*. Uma primeira fase pré-contenciosa, que visa permitir à instituição corrigir a situação de ilegalidade, bem como fixar o objeto da ação e respectivos prazos. Nesta fase as instituições e os órgãos são convidados a agir, num prazo razoável a partir do conhecimento da omissão, devendo ficar claro que o convite se insere numa fase pré-contenciosa dentro da ação por omissão[196] e dispondo a

[192] Acórdão de 25 de Outubro de 1977, *Metro c. Comissão*, processo 26/76. Refira-se, ainda, que as associações, à partida não poderão recorrer para defender os interesses dos seus membros; só interesses próprios da associação.

[193] Acórdão de 22 de Maio de 1985, *Parlamento c. Conselho*, proc. 13/81. Neste caso o Parlamento alegou que o regulamento impugnado se baseava no artigo 31.º do Tratado CEEA, o qual previa apenas a consulta ao Parlamento, e deveria ter recorrido ao artigo 100.º-A do Tratado CEE, o qual, por seu turno, exigia que fosse desenvolvido um processo de cooperação com o Parlamento; ou seja a escolha inadequada pelo Conselho do fundamento jurídico do regulamento impugnado teria conduzido ao desrespeito das prerrogativas do Parlamento, privando-o da possibilidade, dada pelo processo de cooperação, de participar na elaboração do ato de maneira mais intensa e mais ativa do que a que existe no quadro de um processo de consulta.

[194] Acórdão de 14 de Fevereiro de 1989, *Star Fruit Company*, proc. 247/86.

[195] Acórdão de 6 de Julho de 1998, *Goldstein*, proc. T-286/97.

[196] Acórdão de 6 de Julho de 1971, *Países Baixos c. Comissão*, proc. 59/70.

instituição faltosa de dois meses para atuar. Se a instituição não adotou uma posição neste prazo (ou deu uma resposta vaga ou dilatória), abre-se um novo prazo de dois meses para o recorrente intentar uma ação por omissão no tribunal da União, que terá o mesmo objeto do convite para agir. Já se a instituição adotar uma posição (mesmo que não corresponda ao interesse do recorrente), a ação por omissão termina por inutilidade superveniente da lide [197].

Observe-se, por fim, que, na ação por omissão, o juiz limita-se a declarar a omissão ilegal, não podendo substituir-se ao infrator e praticar o ato. Terá de ser a instituição faltosa a adotar as medidas de execução do acórdão.

5. A QUESTÃO DA LEGITIMIDADE ATIVA E PASSIVA NA AÇÃO POR OMISSÃO

A *legitimidade passiva* na ação por omissão cabia inicialmente ao Conselho e à Comissão, tendo sido estendida ao Parlamento Europeu apenas com a entrada em vigor do Tratado da União Europeia. Atualmente o artigo 265º do TFUE confere ainda legitimidade passiva ao Conselho Europeu, ao Banco Central Europeu e "[aos] órgãos ou organismos da União que se abstenham de se pronunciar".

Podem intentar uma ação por omissão, tal como no recurso de anulação, os *recorrentes privilegiados* – Estados-Membros e instituições –, que não têm de provar o seu interesse em agir, e os *recorrentes ordinários*. Estes últimos – pessoas singulares e coletivas – podem "acusar uma das instituições, órgãos ou organismos da União de não lhes ter dirigido um ato que não seja recomendação ou parecer" (artigo 265º, terceiro parágrafo do TFUE). Daqui resulta, por um lado, que a omissão deve ser relativa a um ato obrigatório e que o recorrente deve ser destinatário do ato que a instituição não adotou ou tratando-se da omissão de um ato dirigido a outra pessoa, o recorrente terá de provar que teria sido afetado direta e individualmente por tal ato[198].

[197] Despacho do Tribunal de 10 Junho de 1993, *The Liberal Democrats c. Parlamento Europeu,* proc. C-41/92.

[198] Acórdão de 16 de Fevereiro de 1993, *ENU,* proc. C-107/91 nº 17 e acórdão de 8 de Junho de 2000, *Camar e Tico,* proc. T-79/96, T-260/97 e T-117/98.

6. ASSIMETRIAS INTRODUZIDAS NO CONTENCIOSO DA UNIÃO COM A ENTRADA EM VIGOR DO TRATADO DE LISBOA

Com a entrada em vigor do Tratado de Lisboa, em 1 de Dezembro de 2009, foi dada uma nova redação ao artigo 263º do Tratado sobre Funcionamento da União Europeia (TFUE), o qual passou a reconhecer expressamente legitimidade passiva ao Conselho Europeu[199], bem como aos órgãos e organismos da União que adotem atos destinados a produzir efeitos jurídicos em relação a terceiros, e legitimidade ativa ao Comité das Regiões, enquanto recorrente semi-privilegiado, estabelecendo ainda que os particulares podem recorrer de atos regulamentares que lhes digam diretamente respeito e não necessitem de medidas de execução. Desaparece, deste modo, a exigência de que os particulares sejam individualmente afetados pelo ato regulamentar em causa, ainda que surjam incertezas quanto ao tipo de atos suscetíveis de impugnação, uma vez que não encontramos no Tratado nenhuma definição desse tipo de ato[200].

Por outro lado, também no contexto da ação por omissão foi estendida a legitimidade passiva aos órgãos e organismos da União, bem como ao

[199] Veja-se ainda o artigo 269º do TFUE, nos termos do qual o "Tribunal de Justiça é competente para se pronunciar sobre a legalidade de um ato adotado pelo Conselho Europeu ou pelo Conselho nos termos do artigo 7º do Tratado da União Europeia apenas a pedido do Estado-Membro relativamente ao qual tenha havido uma constatação do Conselho Europeu ou do Conselho e apenas no que se refere à observância das disposições processuais previstas no referido artigo".

[200] De facto, não encontramos em nenhuma norma do TFUE uma definição de ato regulamentar e este conceito não se enquadra, aparentemente, na classificação de atos jurídicos feita pelo Tratado de Lisboa, que, nos termos dos artigos 289º a 291º do TFUE, distingue entre atos legislativos, atos delegados e atos de execução. Têm sido apontadas duas soluções: uma interpretação ampla, ancorada designadamente no princípio da tutela jurisdicional efetiva, que inclui ainda atos legislativos que não necessitam de medidas de execução (ou seja, seria de afastar uma revisão minimalista que dificulte o equilíbrio desejável entre o princípio da tutela jurisdicional efetiva e o princípio da celeridade processual); e uma interpretação restritiva, assente no argumento histórico e na necessidade de se manter o sistema descentralizado de aplicação do direito da União, segundo a qual a expressão em causa limita-se a abarcar atos do tipo executivo (no sentido de que tais atos devem ser vistos como os atos de execução visados no artigo 291º do TFUE, cf. Jean Paul Jacqué, *Droit institutionnel de l'Union européenne*, Dalloz, 2010, p. 650). Para uma análise detalhada desta questão cf. ainda Francisco Paes Marques, "O acesso dos particulares ao recurso de anulação após o Tratado de Lisboa: remendos a um fato fora de moda", *Cadernos O Direito* 2010, 5, pp. 89 e ss.

Conselho Europeu, que, de forma ilegal, se abstenham de pronunciar. A legitimidade ativa é reconhecida, de forma genérica, aos Estados-Membros e às outras instituições da União, bem como às pessoas singulares ou coletivas.

A extensão e a clarificação da legitimidade ativa e passiva no recurso de anulação e na ação por omissão era desejável e expectável. Já a introdução de certas *assimetrias* nas vias contenciosas descritas suscitam algumas dúvidas. De facto, enquanto o Conselho Europeu tem legitimidade ativa e passiva no âmbito da ação por omissão, no contexto do recurso de anulação parece que só terá legitimidade passiva. O mesmo se diga quanto aos "órgãos ou organismos da União" aos quais é reconhecida legitimidade passiva no primeira parágrafo do artigo 263º do TFUE, sendo, todavia, omissa qualquer referência à sua legitimidade ativa nesse âmbito.

Uma explicação possível, para estas omissões, seria afirmar-se que a falta de competências legislativas das entidades referidas tornaria desnecessário o reconhecimento de legitimidade ativa naquele plano; ou seja, à partida não há nenhuma situação em que a instituição, órgãos ou organismos queiram intentar uma ação contra as outras instituições da União. A falta de interesse, teria, deste modo, ditado a omissão verificada no contexto do artigo 263º do TFUE[201].

A verdade é que a justificação adiantada não nos parece totalmente procedente. De facto, e como aliás já afirmou Craig[202], têm sido atribuídas várias competências ao Conselho Europeu, podendo surgir "disputas interinstitucionais quanto à sua interpretação e aplicação"[203]. E o mesmo se diga quanto às agências europeias suscetíveis de cair na categoria genérica de "órgãos e organismos da União". Apesar de não possuírem geralmente competências legislativas, algumas agências podem adotar decisões juridicamente vinculativas, podendo surgir nesse domínio o risco de conflitos "interinstitucionais".

201 Sublinhando que os autores do Tratado julgaram "inútil" atribuir legitimidade ativa ao Conselho Europeu, cf. Joël Rideau, *Droit institutionnel de l'Union européenne*, L.G.D.J., 6e ed., p. 846.

202 Paul Craig, *The Lisbon Treaty, Law , Politics, and Treaty Reform*, Oxford, 2010, p. 127.

203 Paul Craig, ob. cit., pp. 127-128. Este autor refere o seguinte exemplo: sabendo que é o Conselho Europeu que define as orientações estratégicas no Espaço de Liberdade Segurança e Justiça, aquela instituição poderia ter interesse em recorrer ao artigo 263º se considerasse que "uma outra instituição estava a ultrapassar as suas prerrogativas ou que os atos legislativos [adotados] não estavam em sintonia com as orientações estratégicas definidas".

Acresce que a falta de legitimidade ativa do Conselho Europeu no contexto do artigo 263º do TFUE causa ainda maior estranheza quando confrontada com a solução fixada à luz do artigo 265º do TFUE. Na verdade, não se compreende como é que a instituição em análise tem legitimidade ativa e passiva na ação por omissão e só tem legitimidade passiva no recurso de anulação, quando os dois mecanismos participam no controlo da legalidade dos atos e omissões das instituições da União.

É certo que a posição assimétrica do Conselho Europeu no seio do recurso de anulação não é uma novidade. De facto, também o Parlamento Europeu, durante um longo período de tempo, se viu privado da possibilidade de recorrer para os tribunais da União de atos ilegais de outras instituições ou órgãos da União. Recorde-se que nos Tratados iniciais apenas o Conselho e a Comissão tinham legitimidade ativa no âmbito do recurso de anulação. O Parlamento Europeu era ignorado no Tratado, concluindo-se que não possuía legitimidade ativa ou passiva. É claro que, nessa altura, os poderes do Parlamento Europeu eram muito limitados, assumindo natureza quase exclusivamente consultiva. E, por isso mesmo, o Tribunal de Justiça começou por afirmar, no caso *Comitologia*, que o Parlamento Europeu não tinha legitimidade ativa no âmbito do recurso de anulação[204], ainda que no famoso acórdão *Os Verdes* tenha admitido a recorribilidade dos atos do Parlamento Europeu[205].

Alguns anos mais tarde, no acórdão *Chernobyl*[206], o Tribunal de Justiça vai alterar a sua posição, acabando por reconhecer legitimidade ativa à instituição visada, ainda que sem lhe atribuir o estatuto de recorrente privilegiado. Neste caso, o Parlamento Europeu impugnou, nos termos dos artigos 173.º do Tratado CEE e 146.º do Tratado CEEA, o Regulamento (Euratom) n.º 3954/87 do Conselho, de 22 de Dezembro de 1987, que fixava os níveis máximos tolerados de contaminação radioativa dos géneros alimentícios e alimentos para animais, na sequência de um acidente nuclear ou de qualquer outro caso de emergência radiológica, tendo o Tribunal reconhecido legitimidade ativa àquela instituição ainda que condicionada à defesa das suas prerrogativas.

[204] Acórdão de de 27 de Setembro de 1988, *Parlamento c. Conselho*, proc. 302/87.

[205] Acórdão de 23 de Abril de 1986, proc. 294/83.

[206] Acórdão de 22 de Maio de 1990, *Comissão c. Conselho*, proc. C-70/88.

Para justificar esta solução, o Tribunal invocou essencialmente dois argumentos[207].

Por um lado, reconheceu que a existência de diversas vias jurídicas de controlo da legalidade dos atos da União não é suficiente para garantir, de forma segura, em todas as circunstâncias, a censura de um ato do Conselho ou da Comissão que ignore as prerrogativas do Parlamento. De facto, nem sempre as outras instituições estariam interessadas e disponíveis para defender as prerrogativas do Parlamento através do recurso de anulação[208], além de que a proteção das prerrogativas do Parlamento por recursos de particulares seria aleatória e desprovida de eficácia. Haveria, pois, um vazio jurídico que deveria ser preenchido.

Por outro lado, sublinhou que as prerrogativas do Parlamento são um dos elementos do equilíbrio institucional criado pelos Tratados. Os Tratados operaram a repartição de competências entre as diferentes instituições da Comunidade (hoje União), atribuindo a cada uma a sua própria missão, devendo o Tribunal velar pela manutenção desse equilíbrio, bem como pelo respeito das prerrogativas do Parlamento. Ou seja, o Tribunal deve garantir que o Parlamento não seja atingido nas suas prerrogativas sem dispor de um recurso jurisdicional, entre os que são previstos pelos Tratados, que possa ser exercido de maneira certa e eficaz. Logo, a ausência nos Tratados de uma disposição que preveja o direito do Parlamento de apresentar um recurso de anulação pode constituir uma lacuna da regulamentação processual, que não pode prevalecer sobre o interesse fundamental da manutenção do equilíbrio institucional definido pelos Tratados.

O Tribunal concluiu, então, que era admissível a apresentação pelo Parlamento de um recurso de anulação dirigido contra um ato de uma outra instituição, na condição de esse recurso se dirigir apenas à salvaguarda das suas prerrogativa.

Com a entrada em vigor do Tratado de Maastricht é acolhida no direito originário a solução já existente no plano jurisprudencial: o Parlamento Europeu passa a ser considerado, também pelo legislador comunitário,

[207] Cf. acórdão de 22 de Maio de 1990, n.os 22 a 31.

[208] Recorde-se que no acórdão em apreço a Comissão não estaria em condições de assumir essa responsabilidade, na medida em que baseou a sua proposta sobre uma base jurídica diferente da que tinha sido considerada adequada pelo Parlamento; além disso, a adoção pelo Conselho do ato impugnado não podia ser vista como uma recusa implícita de agir que abriria ao Parlamento a via da ação por omissão.

como um recorrente privilegiado. A alteração do estatuto do Parlamento Europeu só se verificará com a entrada em vigor do Tratado de Nice, o qual ascende ao patamar de recorrente privilegiado, no mesmo plano do Conselho e da Comissão.

A evolução da legitimidade ativa do Parlamento Europeu, aqui recordada de forma sucinta, parece-nos especialmente útil quando ponderamos a omissão no Tratado de uma qualquer menção à legitimidade ativa do Conselho Europeu no contexto do recurso de anulação.

O Conselho Europeu tem por missão definir «as orientações e prioridades políticas gerais da União» (artigo 15º do TUE), as «orientações gerais da política externa e de segurança comum» incluindo matérias «com implicações no domínio da defesa» (artigo 26º do TUE), bem como as «orientações estratégicas da programação legislativa e operacional no espaço de liberdade, segurança e justiça» (artigo 68º do TFUE)[209]. E apesar de não exercer a função legislativa, são as conclusões do Conselho Europeu que geralmente definem o quadro no âmbito do qual as outras instituições irão adotar medidas concretas, nomeadamente de índole legislativa[210].

Levanta-se pois a questão de saber se a missão do Conselho Europeu, que não se reduz apenas à adoção de atos políticos, não poderá ficar comprometida com a sua falta de legitimidade ativa no âmbito do recurso de anulação, uma vez que a existência de diversas vias jurídicas de controlo

[209] Pode ainda ser solicitada a intervenção do Conselho Europeu com vista à obtenção do consenso, designadamente no domínio da segurança social e da cooperação judiciária em matéria penal, sempre que um membro do Conselho considere que o projeto de ato legislativo prejudica aspectos fundamentais do seu ordenamento jurídico (artigos. 48º, 82º e 83º do TFUE).

[210] O Conselho Europeu, com base em relatórios do Conselho, adotará conclusões sobre as orientações gerais das políticas económicas dos Estados-Membros e da União (artigo 121º do TFUE), bem como sobre a situação do emprego na União (artigo 148º do TFUE), avaliando ainda periodicamente as ameaças (como ataques terroristas ou catástrofes naturais ou humanas) com que a União se depara (artigo 222º do TFUE), além de participar nos processos de revisão dos Tratados (artigo 48º do TUE) e de adesão de novos Estados (art. 49º do TUE). Finalmente, compete ao Conselho Europeu estabelecer a lista de formações do Conselho (artigo 236º do TFUE), fixar o sistema de rotação para escolha dos membros da Comissão (artigo 244º), nomear a Comissão Europeia (art. 17º do TUE) e a Comissão Executiva do Banco Central Europeu (artigo 283º do TFUE), permitir que a regra de votação do Conselho por unanimidade em certos casos passe a maioria qualificada (artigo 312º do TFUE), bem como alterar o regime especial de associação aplicável a certos países e territórios ultramarinos (artigo 355º do TFUE).

da legalidade dos atos da União nem sempre será suficiente para garantir as suas "prerrogativas".

Por outro lado, também em relação ao Conselho Europeu, o equilíbrio institucional fixado nos Tratados na sua dupla vertente – horizontal, traduzida na atribuição de competências às instituições europeias; e vertical, centrada na relação da União com os Estados-Membros no contexto do princípio das competências atribuídas – exige a sua fiscalização pelo Tribunal de Justiça. Logo, permitir ao Conselho Europeu que atue para defender as suas prerrogativas afigura-se-nos uma solução desejável.

Quanto à falta de legitimidade ativa dos órgãos e organismos da União, a questão merece igualmente alguma reflexão. Tal como no caso do Conselho Europeu, os órgãos e organismos da União dispõem de legitimidade passiva, o que se justifica claramente atendendo aos poderes, designadamente, das agências de estabelecerem normas técnicas ou de coordenarem a atuação das autoridades nacionais. O receio de que a atuação de tais organismos, nomeadamente as agências europeias, escapassem ao controlo dos Tribunais da União já tinha, aliás, sido referida no caso *Espanha contra Eurojust*[211], até porque as instituições seguem, via de regra, as opiniões do comité de peritos das agências, no âmbito de um procedimento que pode culminar num ato legislativo[212].

Já a falta de legitimidade ativa, tem sido explicada, ainda que de forma não inteiramente convincente, pela ausência de interesse; ou seja, seriam inexistentes as situações em que tais órgãos ou organismos teriam interesse em pedir a fiscalização da legalidade de atos adotados por outras

[211] Acórdão de 15 de Março de 2005, proc. C-160/03, relativo ao recurso interposto pelo Reino de Espanha contra os recrutamento de agentes temporários na Eurojust que exigiam certos conhecimentos linguísticos. A questão da inadmissibilidade do recurso foi invocada, com o seguintes argumentos: os atos *in casu* foram adotados fora do âmbito do direito comunitário; em causa estava um órgão autónomo que não fazia parte do quadro institucional da União; a própria letra das disposições dos Tratados, nomeadamente, os artigo 230.º e 235.º do TCE, não permitiam a interposição de recurso contra este tipo de atos. Apesar do advogado-geral Poiares Maduro não ter considerado estes argumentos decisivos (cf. conclusões apresentadas em 16 de Dezembro de 2004, n.ºs 14 e ss), o Tribunal considerou o recurso inadmissível.

[212] Acórdão de 11 de Setembro de 2002, *Pfizer*, proc. T-13/99: "[N]a medida em que a instituição comunitária prefira afastar-se do parecer [do comité de peritos], é obrigada a fundamentar especificamente a sua apreciação relativamente à expressa no parecer, devendo a sua fundamentação expor as razões pelas quais se afasta do mesmo. Este fundamento deverá ser de um nível científico pelo menos equivalente ao do parecer em questão" (n.º 199).

instituições. Mais uma vez, tais afirmações parecem "prematuras"; basta pensar na hipótese das agências europeias quererem contestar a adoção de certos atos delegados[213].

A solução poderá passar por permitir que os órgãos e organismos da União interponham recurso de anulação enquanto recorrentes ordinários. Nesta hipótese, poderão ficar sujeitos à verificação das condições de afetação direta e individual, nos termos fixados pelo Tratado e pela jurisprudência do Tribunal de Justiça.

7. CONCLUSÃO

As assimetrias introduzidas, com a entrada em vigor do Tratado de Lisboa, quanto à legitimidade ativa e passiva, no recurso de anulação e na ação por omissão, não representam uma situação totalmente nova no contexto da União. No processo de construção europeia, outras instituições encontraram-se igualmente desprovidas de legitimidade ativa e/ou passiva nos Tratados, tendo o vazio jurídico sido preenchido pela jurisprudência do Tribunal de Justiça, atendendo à necessidade de salvaguardar as prerrogativas de tais instituições e de garantir o respetivo equilíbrio institucional. Com as soluções fixadas no TFUE, o problema da falta de legitimidade ativa no contexto do recurso de anulação volta a colocar-se em relação ao Conselho Europeu e aos órgãos e organismos da União, despertando a sensação de *déjà vu*. Atribuir ao Conselho Europeu o estatuto de recorrente semi-privilegiado e aos órgãos e organismos da União o de recorrentes ordinários poderá ser uma solução possível.

[213] Assim, Craig ob. cit., p. 128.

IV
A proteção dos particulares no âmbito do recurso de anulação depois de Lisboa. Breves reflexões [214]

SUMÁRIO: Com a entrada em vigor do Tratado de Lisboa foram introduzidas alterações ao artigo 263º, quarto parágrafo, do Tratado sobre o Funcionamento da União Europeia, aparentemente com o objetivo de alargar a legitimidade ativa dos particulares. Todavia, as incertezas quanto ao tipo de atos suscetíveis de impugnação, bem como a manutenção da jurisprudência restritiva do Tribunal de Justiça sobre as condições de admissibilidade de tal recurso, levantam dúvidas sobre a eficácia das alterações introduzidas, sendo de ponderar, mais uma vez, a introdução de novas ações ou recursos, ou a eventual flexibilização da jurisprudência existente, para se garantir o princípio da tutela jurisdicional efetiva.

1. INTRODUÇÃO

Com a entrada em vigor do Tratado de Lisboa, em 1 de Dezembro de 2009, foram introduzidas algumas alterações ao contencioso da União Europeia, destacando-se a nova redação dada ao quarto parágrafo do artigo 263º do Tratado sobre Funcionamento da União Europeia (TFUE), podendo hoje os particulares recorrer de atos regulamentares que lhes digam dire-

[214] Versão resumida do estudo elaborado para os Estudos em Homenagem ao Sr. Professor Doutor Heinrich Ewald Hörster (no prelo).

tamente respeito e não necessitem de medidas de execução. Todavia, as incertezas quanto ao tipo de atos suscetíveis de impugnação (uma vez que não encontramos no Tratado nenhuma definição de ato regulamentar), bem como a manutenção da jurisprudência restritiva do Tribunal de Justiça sobre as condições de admissibilidade de tal recurso, geram hesitações sobre a eficácia das alterações realizadas. Duvidamos, deste modo, que as alterações introduzidas resolvam definitivamente as preocupações com a legitimidade dos particulares no acesso ao recurso de anulação e assegurem totalmente o princípio da tutela jurisdicional efetiva.

Note-se que o acesso dos particulares aos tribunais da União prende-se diretamente com o princípio referido e essa ligação é aliás hoje proclamada no artigo 47.º da Carta dos Direitos Fundamentais da União Europeia: "[t]odas as pessoas cujos direitos e liberdades garantidos pelo direito da União tenham sido violados têm direito a uma ação perante um tribunal (...)". O princípio da tutela jurisdicional efetiva foi afirmado inicialmente na jurisprudência do Tribunal de Justiça[215], bem como no artigos 6º e 13º

[215] Observe-se que no acórdão *Von Colson e Kamann* (de 10 de Abril de 1984, processo 14/83) o Tribunal de Justiça (TJ) já tinha apelado ao art.º 6º da diretiva 76/207/CE, nos termos do qual os Estados são obrigados a adotar medidas nacionais que garantam, aos que se sintam lesados pela violação do princípio da igualdade de tratamento, a possibilidade de se queixarem a um tribunal (cf. n.ºs 18 e 26 do acórdão citado). Este direito, afirmado no contexto de uma diretiva, poderia ter tido um campo de aplicação mais reduzido não fora o espírito criativo do Tribunal que o considerou o ponto de partida para a elaboração do princípio da tutela jurisdicional efetiva. Como esclareceu o TJ no acórdão *Johnston* (de 15 de Maio de 1986, processo 222/84, n.º 18) a exigência de um controlo jurisdicional, fixada no artigo 6º da dita diretiva, "é a expressão de um princípio geral de direito que está na base das tradições constitucionais comuns dos Estados-Membros [e que] foi igualmente consagrado pelos artigos 6.º e 13.º da Convenção Europeia para a Proteção dos Direitos do Homem e das Liberdades Fundamentais». As implicações deste princípio são visíveis na jurisprudência posterior do TJ, designadamente nos acórdãos *Factortame* (de 19 de Junho de 1990, processo C-213/89) *Verholen* (de 11 de Julho de 1991 processo C-87 a 89/90) e *Unibet* (de 13 de Março de 2007, processo C-432/05) nos quais ficou claro que o princípio da tutela jurisdicional efetiva terá um alcance amplo e pode exigir aos órgãos jurisdicionais nacionais que controlem todas as medidas legislativas nacionais, que decretem medidas provisórias e que reconheçam aos particulares legitimidade ativa, mesmo nos casos em que não a teriam ao abrigo do direito nacional. Os acórdãos referidos neste artigo encontram-se disponíveis em http://eur-lex.europa.eu/pt/index.htm. Sobre o princípio da proteção jurisdicional efetiva na jurisprudência do Tribunal de Justiça, cf. ainda Patrícia Fragoso Martins, "Comentário ao acórdão Simmenthal", *in Princípios Fundamentais de Direito da União Europeia – Uma abordagem jurisprudencial,* Almedina 2011, p. 70 e Inês Quadros, "Comentário ao acórdão Foto-Frost", *in Princípios...*, ob. cit., p. 246.

da Convenção Europeia dos Direitos do Homem (CEDH) [216], encontrando, desde a entrada em vigor do Tratado de Lisboa, fundamento num texto juridicamente vinculativo.

Por outro lado, a aplicação do princípio em análise tem de ser conjugada com o objetivo da celeridade processual. Com efeito, o acesso à justiça ficaria esvaziado de sentido se a decisão a proferir pelos tribunais não pudesse ser adotada em tempo útil. Ora, não tendo o Tratado de Lisboa alterado a estrutura dos tribunais da União ou *grosso modo* a respetiva jurisdição – mantém-se na cúpula o Tribunal de Justiça da União[217], para o qual há recurso do Tribunal Geral, o qual, por seu turno, funciona como instância superior em relação aos tribunais especializados – preserva-se a solução tradicional da aplicação descentralizada do direito da União pelos tribunais nacionais. E é precisamente neste contexto que as duas condições de legitimidade dos particulares no acesso ao recurso de anulação – afetação direta e afetação individual – se revelariam essenciais para assegurar o equilíbrio entre o princípio da proteção jurisdicional efetiva e o da celeridade processual, o qual pressupõe não sobrecarregar os tribunais da União.

Todavia, a revisão minimalista do quarto parágrafo do artigo 263º do TFUE, conjugada com a jurisprudência restritiva estabelecida pelo Tribunal de Justiça, podem comprometer o equilíbrio desejado e testemunham que a questão da proteção eficaz dos particulares na União Europeia continua em aberto.

2. A LEGITIMIDADE ATIVA NO CONTEXTO DO RECURSO DE ANULAÇÃO

A doutrina tradicional distingue habitualmente no contexto do artigo 263º do TFUE entre recorrentes privilegiados, semi-privilegiados e ordinários[218].

[216] Repare-se que hoje o artigo 6.º do TUE prevê a adesão da União à Convenção Europeia dos Direitos do Homem.

[217] Sobre a natureza desta instituição, cf. Rui Manuel Moura Ramos, *Das Comunidades à União Europeia – Estudos de Direito Comunitário*, Coimbra editora, 1994, pp. 62 e ss.

[218] Cf. Fausto de Quadros – Ana Maria Guerra Martins, *Contencioso da União Europeia*, Almedina, 2007, 2ª edição, pp. 150 e ss.

Os *recorrentes privilegiados* – Conselho, Parlamento, Comissão e Estados-Membros – acedem facilmente aos tribunais da União no contexto do recurso de anulação, pois não têm de provar o seu interesse em agir; presume-se que agem no interesse geral.

Os *recorrentes semi-privilegiados* – Tribunal de Contas, Banco Central Europeu e Comité das Regiões – apenas intervêm para salvaguardar as respectivas prerrogativas.

Os *recorrentes ordinários* -pessoas singulares ou coletivas – têm de provar o seu interesse em agir – "que constitui a condição primeira e essencial de qualquer ação judicial"[219] –, referindo ainda alguma doutrina que o particular deve ser titular de direitos subjetivos para poder impugnar os atos ilegais da União[220]. Ou seja, o particular deveria ser, segundo os ensinamentos do Professor Heinrich Ewald Hörster, titular de direitos que implicam "sempre que qualquer coisa pertence ou cabe de direito ao indivíduo"[221].

Acresce que os particulares têm uma legitimidade para agir condicionada à verificação de certas condições: "qualquer pessoa singular ou coletiva pode interpor, nas condições previstas nos primeiro e segundo parágrafos, recursos contra os atos de que seja destinatária ou que lhe digam direta e individualmente respeito, bem como contra os atos regulamentares que lhe digam diretamente respeito e não necessitem de medidas de execução" (artigo 263º do TFUE). Logo, exceto nos casos em que o particular é destinatário do ato, é necessária a prova que o ato lhe diz direta e/ou individualmente respeito. A afetação direta e a afetação individual são, deste modo, condições de admissibilidade do

[219] Despacho do presidente da Segunda Secção do Tribunal, de 31 de Julho de 1989, processo 206/89 R, n.º 8. No sentido que o "interesse em agir" (isto é, a sua situação jurídica foi afetada pelo ato objeto de recurso de anulação) se distingue da "qualidade para agir", cf. Joel Rideau, *Droit institutionnel de l'Union Européenne,* LGDJ, 2010, 6ª ed., p. 849

[220] Sobre esta questão, cf. Francisco Paes Marques, "O acesso dos particulares ao recurso de anulação após o Tratado de Lisboa: remendos a um fato fora de moda", *Cadernos O Direito,* 2010, nº 5, p. 108.

[221] Cf. *A parte geral do Código Civil Português – Teoria Geral do Direito Civil,* Almedina, Coimbra, 2011, p. 45. Sendo ainda necessário não esquecer, como sublinha o mesmo autor, que "a constância das normas de direito objetivo depende do exercício dos direitos subjectivos dele decorrentes", cf. ob. cit., p. 49.

recurso contra atos de que não são destinatários[222]. A sua falta constitui, consequentemente, "um fundamento de ordem pública que pode, e deve mesmo, ser suscitado oficiosamente pelo juiz comunitário"[223].

3. A INTERPRETAÇÃO DADA PELA JURISPRUDÊNCIA DO TRIBUNAL DE JUSTIÇA ÀS CONDIÇÕES DE AFETAÇÃO DIRETA E INDIVIDUAL

Na ausência de uma definição no TFUE de afetação direta e individual de um ato da União, a interpretação foi dada pela jurisprudência do Tribunal de Justiça, ainda que nem sempre de forma muito clara.

Segundo o Tribunal de Justiça[224], a *afetação direta* do recorrente exige que a medida em causa "produza efeitos diretos na situação jurídica do recorrente e que não deixe qualquer poder de apreciação aos destinatários dessa medida encarregados da sua implementação, já que esta é de carácter puramente automático e decorre apenas da regulamentação comunitária, sem aplicação de outras regras intermediárias".

O conceito de *afetação individual* foi dado no caso *Plaumann*[225], tendo o Tribunal de Justiça entendido que "os particulares que não sejam destinatários de uma decisão só podem afirmar que esta lhes diz individualmente respeito se os afetar devido a certas qualidades que lhes são próprias ou a uma situação de facto que os caracteriza em relação a qualquer outra pessoa e assim os individualiza de maneira análoga à do destinatário".

Note-se ainda que é da competência do Tribunal determinar a natureza dos atos objeto de recurso (ou seja, se são atos gerais, de natureza legislativa, ou não) e verificar se o ato impugnado afeta o recorrente de forma

[222] Defendendo que esta hipótese visa os atos que contêm uma decisão individual, ainda que surjam sob outro manto, não pondo em causa o espírito do sistema, que o é o de excluir o recurso dos particulares contra atos legislativos, cf., Jean Paul Jacqué, *Droit Institutionnel de l'Union Européenne*, Dalloz, 2010, p. 639. Por outras palavras, para este autor ,o artigo 263º do TFUE visaria apenas os "atos individuais", cujos efeitos são limitados aos seus destinatários, e não "medidas gerais", aplicáveis a categorias de pessoas visadas de forma abstracta.

[223] Acórdão de 29 de Abril de 2004, *Comissão/Itália*, processo C-298/00, nº 35.

[224] Acórdão de 5 de Maio de 1998, *Société Louis Dreyfus & Cie contra Comissão das Comunidades Europeias*, processo C-386/96.

[225] Acórdão de15 de Julho de 1963, *Plaumann & Co. contra Comissão da Comunidade Económica Europeia*, processo 25-62.

direta e individual, independentemente da forma adotada. Deste modo, a jurisprudência tem reconhecido que mesmo atos normativos[226] podem conter disposições que afetem direta e individualmente o particular, especialmente no caso de medidas *antidumping*[227]; ou seja, o mesmo ato poderia ser impugnado por certos recorrentes (afetados direta e individualmente) e não por outros. Acresce que no domínio *antitrust* – artigos 101º e 102º do TFUE –, bem como no contexto do controlo das concentrações de empresas, foram considerados individualmente afetados por decisões de que não eram destinatários (isto é decisões dirigidas, por exemplo, a empresas concorrentes) as empresas atingidas por decisões favoráveis a outras empresas[228], bem como terceiros que participaram, em certas condições, no processo de adoção da dita decisão[229].

Quanto às associações, à partida não poderão interpor recurso de anulação para defender os interesses dos seus membros. Todavia, já serão consideradas individualmente afetadas, segundo a jurisprudência do Tribunal, se estiverem em causa direitos processuais reconhecidos pela União, ou se estiverem em causa interesses próprios da associação (nomeadamente no caso de a associação ter sido interlocutora da Comissão e de a sua posição, como negociadora da regulamentação, ter sido afetada pela decisão objeto de recurso), e ainda na hipótese de se tratar de um recurso coletivo interposto através da associação por determinados dos seus membros, que poderiam fazê-lo individualmente[230].

4. A PROPOSTA DO ADVOGADO-GERAL JACOBS NO SENTIDO DA FLEXIBILIZAÇÃO DA JURISPRUDÊNCIA FIXADA PELO TRIBUNAL DE JUSTIÇA

A doutrina desde cedo criticou o teste Plaumann. Particularmente incisivo foi o advogado-geral Jacobs que, no caso *União de Pequenos Agricultores* (UPA), denunciou a jurisprudência existente como sendo fonte de um séria

[226] Cf., Joel Rideau, ob. cit., p. 857.

[227] Cf., por exemplo, o acórdão de 14 de Dezembro de 1962, processo 16/62 e o acórdão de 29 de Março de 1979, processo 113/77.

[228] Acórdão de 25 de Outubro de 1977, *Metro/Comissão* , processo 26/76.

[229] Acórdão de 22 de Outubro de 1986, *Metro/Comissão*, proc. 75/84.

[230] Despacho do Tribunal de Primeira Instância, de 30 de Setembro de 1997, *Federolio*, processo T-122/96, nºs 21 a 23.

lacuna no sistema de vias de recurso estabelecido pelo Tratado. Sugeriu, desse modo, uma interpretação mais lata da condição afetação individual, pois, ao contrário do Tribunal de Justiça, duvidava que a tutela judicial dos particulares fosse plenamente assegurada no plano nacional[231].

No acórdão *UPA*, uma associação de agricultores pretendia recorrer de um despacho do Tribunal de Primeira Instância, o qual julgara manifestamente inadmissível o seu pedido de anulação do Regulamento n.º 1638/983, que alterou substancialmente a organização comum do mercado do azeite, com fundamento em não serem os membros da associação individualmente afetados pelas disposições do regulamento, na acepção do quarto parágrafo do atual artigo 263º do TFUE. O problema central residiria na jurisprudência restritiva do Tribunal de Justiça sobre a legitimidade ativa dos particulares, que careceria de alteração; ou seja, com o regime vigente o particular não poderia, via de regra, impugnar diretamente uma medida (nomeadamente de aplicação geral) que o afetasse negativamente.

Os argumentos tradicionais ancorados na existência de outras alternativas, que compensariam o carácter restritivo de tal jurisprudência, nomeadamente soluções nacionais que garantissem o respeito pelo princípio da tutela jurisdicional efetiva, ou a proteção indireta conferida pelo mecanismo de reenvio prejudicial, foram claramente afastados pelo advogado-geral, em sintonia com parte significativa da doutrina[232].

Em primeiro lugar, o advogado-geral recordou que os processos instaurados perante os órgãos jurisdicionais nacionais nem sempre conferem ao recorrente particular uma tutela jurisdicional efetiva, até porque sendo as soluções nacionais divergentes conduzem a desigualdades e insegurança jurídica (é, aliás, curioso que o Tribunal de Justiça faça recair sobre as jurisdições nacionais uma tal obrigação de tutela, obrigação essa que não parece ter correspondência no plano da União, sujeitando mais uma vez a jurisprudência europeia à acusação de ter dois pesos e duas medidas[233]).

231 Conclusões apresentadas em 21 de Março de 2002 no acórdão *União de Pequenos Agricultores/Conselho*, processo C-500/00 P.

232 Assim, entre muitos, cf. John A. Usher, "Direct and individual concern – an effective remedy or a conventional solution?", *European Law Review*, 2003, 28 (5), p. 584, que sublinha ter o acórdão *UPA* deixado (aparentemente) um lacuna no sistema judicial da atual União relativamente aos atos que não necessitam de medidas nacionais de execução.

233 Acusação esta que era recorrente no contexto da responsabilidade extra-contratual do Estado por violação do direito da União. De facto, o acórdão *Francovich* (de 19 de Novembro

De facto, não podemos esquecer que os órgãos jurisdicionais nacionais não têm competência para declarar a invalidade de atos da União; ou seja, nesse tipo de processos o órgão jurisdicional nacional limita-se a determinar se os argumentos do recorrente levantam dúvidas suficientes quanto à validade da medida impugnada para justificar o pedido ao Tribunal de Justiça de uma decisão a título prejudicial. Além disso, se a medida da União não exigir um ato de implementação nacional, a única solução (paradoxal) poderia ser pedir ao particular que violasse a lei para obter acesso à justiça!

Dito de outro modo, o advogado-geral afasta-se da opinião de um conjunto de peritos (opinião essa expressa claramente nos trabalhos da Convenção para o Futuro da Europa) que continuam a considerar, à luz do princípio da subsidiariedade, serem os tribunais nacionais os principais responsáveis pela proteção dos direitos dos particulares, revelando-se desnecessária a alteração do Tratado ou da jurisprudência europeia[234].

Em segundo lugar, Jacobs sublinha que a jurisprudência do Tribunal de Justiça, sobre a interpretação do quarto parágrafo do artigo 263º do TFUE, incita os recorrentes particulares a levar questões de validade de atos da União à apreciação desse mesmo Tribunal, de modo indireto, através dos órgãos jurisdicionais nacionais. Ora, "os recursos interpostos diretamente perante o Tribunal de Primeira Instância [nos termos do artigo 263º do TFUE] são, todavia, mais adequados para decidir questões de validade do que os processos perante o Tribunal de Justiça nos termos do artigo [267º do TFUE] e são menos suscetíveis de gerar insegurança jurídica para os particulares e para as instituições [da União]". Como explica o advogado-geral, além da vantagem do prazo de dois meses, que favorece a segurança jurídica, "o processo é mais adequado porque a instituição

de 1991, processo C-6/90 e C-9/90) estabelecia requisitos de responsabilidade diferentes dos vigentes para a responsabilidade das instituições por violação desse mesmo direito. Sobre a evolução dessa jurisprudência no sentido de uma certa convergência das condições necessárias para a efetivação da responsabilidade independentemente do seu autor (Estado ou instituição da União), cf. Maria Isabel Tavares, "Comentário ao acórdão Francovich", *in Princípios Fundamentais de Direito da União Europeia – Uma abordagem jurisprudencial*, Almedina 2011, pp. 105 e ss, e Sofia Oliveira Pais, "Comentário ao acórdão Köbler", *in Princípios ...*, ob. cit., pp. 122 e ss.

[234] Para uma análise destes trabalhos, cf. Liz Heffernan, "Effective judcial remedies: the limits of direct and indirect access to the European community courts", *The Law and Practice of International Courts and Tribunals*, 2006, pp. 291 e ss.

que adotou a medida impugnada é parte no processo do princípio ao fim e porque um recurso direto implica uma troca completa de articulados, contrariamente à apresentação única de observações escritas seguida de observações orais perante o Tribunal de Justiça"; além de que a possibilidade de medidas provisórias, eficazes em todos os Estados-Membros, constitui também uma vantagem de peso para os recorrentes particulares e para a uniformidade do direito da União[235]. Efetivamente, o acesso ao Tribunal de Justiça através do reenvio prejudicial não é um recurso que se encontre à disposição dos particulares, uma vez que não só os órgãos jurisdicionais nacionais podem recusar-se a reenviar questões, como podem ainda reformular as questões; e, mesmo quando os órgãos jurisdicionais de última instância são obrigados a reenviar, não podemos olvidar que os recursos dentro dos sistemas jurisdicionais nacionais são suscetíveis de implicar longas demoras que podem, por si próprias, ser incompatíveis com o princípio da tutela jurisdicional efetiva e com a exigência da segurança jurídica.

É certo que as dificuldades existentes poderiam ser, em parte, resolvidas se fosse consagrada a "proposta da luz verde" (*green light approach*), à semelhança do que sucede no ordenamento jurídico alemão[236]: o tribunal nacional quando reenvia para o Tribunal de Justiça as questões sobre interpretação de normas da União apresenta as suas sugestões; se o Tribunal de Justiça concordar com a proposta do tribunal nacional dá-lhe 'luz verde' e evita o julgamento. O problema, como já foi sublinhado, é que a "qualidade e a extensão" da interpretação variará significativamente consoante o ordenamento nacional, podendo, na prática, acabar por onerar os tribunais da União[237].

Em terceiro lugar, o advogado-geral desvaloriza o argumento da "enchente de impugnações adicionais" que resultaria da flexibilização da

[235] N.os 37 a 46 das conclusões citadas.

[236] Como refere Liz Heffernan – "Effective judcial remedies: the limits of direct and indirect access to the European community courts", *The Law and Practice of International Courts and Tribunals*, 2006, p. 286 – no ordenamento jurídico alemão o reenvio para o tribunal constitucional contém a justificação do juiz que procede ao reenvio quanto à inconstitucionalidade da norma impugnada; esta solução deveria ser ponderada no domínio da União Europeia, uma vez que teria a dupla vantagem de garantir a economia judicial e conferir um papel ativo aos tribunais nacionais.

[237] Liz Heffernan, ob. cit., p. 303.

jurisprudência Plaumann, tanto mais que "não há indicações de que tal tenha acontecido nos sistemas jurídicos, dentro e fora da União Europeia, que, nos últimos anos, têm vindo progressivamente a liberalizar os seus requisitos de legitimidade"; acresce que o aumento do número de recursos consistiria, provavelmente, como refere Jacobs, em impugnações da mesma medida, feitas por diferentes particulares e associações, a realizar em prazos curtos; logo, "tais casos poderiam ser tratados, sem qualquer encargo adicional significativo para os recursos do Tribunal [Geral], através da apensação de processos ou da seleção de processos-modelo [ou quando] as impugnações fossem manifestamente infundadas [poderiam ser rejeitadas] através de um despacho fundamentado"[238]. Além disso, a eficiência do tratamento dos processos por parte do Tribunal Geral poderia, se necessário, ser aumentada através de reformas processuais e jurisdicionais, nomeadamente a criação de novos tribunais, bem como aumentando o número de juízes e de funcionários.

Por último, o advogado-geral alega, e bem, que a atitude restritiva do Tribunal de Justiça relativamente aos recorrentes particulares é anómala à luz da sua jurisprudência quanto a outros aspectos do controlo jurisdicional; refira-se, por exemplo, quer a interpretação "generosa e dinâmica" feita pelo Tribunal quanto aos outros parágrafos do artigo 263º do TFUE, quer a inexistência de restrições à legitimidade dos particulares para intentar ações indemnização no contexto da responsabilidade extracontratual da União[239].

Tendo em conta o panorama descrito, Jacobs conclui que o requisito da afetação individual deve ser definido da seguinte forma: "uma medida comunitária diz individualmente respeito a uma pessoa quando, em razão das circunstâncias particulares desta, a medida afeta ou é suscetível de afetar negativa e substancialmente os seus interesses"[240]. Repare-se que a solução proposta por Jacobs tem a vantagem de procurar garantir o princípio da tutela jurisdicional efetiva sem colocar em causa a letra do (atual) artigo 263º do TFUE, mas tão só a interpretação restritiva feita pelo Tribunal de Justiça. Por outro lado, é igualmente certo que o modelo apresentado não se encontra isento de dificuldades: não é um critério

[238] Nºs 73 e 81 e ss. das conclusões citadas.
[239] Nº 71 das conclusões citadas.
[240] Nº 60 das conclusões citadas.

evidente, tendo igualmente de ser interpretado, além de que implica um certo afastamento do sistema (tradicional) descentralizado de aplicação do direito da União, onerando os tribunais da União[241].

5. A APARENTE ADESÃO DO TRIBUNAL DE JUSTIÇA À 'TEORIA DO ATO HÍBRIDO' NO CASO *UPA* E O SEU ABANDONO NA JURISPRUDÊNCIA SUBSEQUENTE

No caso *UPA* o Tribunal de Justiça não seguiu, todavia, a proposta do advogado-geral Jacobs e negou provimento ao recurso, perdendo a oportunidade de flexibilizar a jurisprudência existente.

O Tribunal terá, em todo o caso, aderido, segundo alguma doutrina[242], à teoria do *ato híbrido*, sugerida pelo advogado-geral Jean-Pierre Warner no caso *Toyo Bearing*[243]: o regulamento pode ser um instrumento híbrido, apresentando simultaneamente carácter de medida geral e individual; logo, pode ser impugnado por particulares "sem perder o seu carácter legislativo", desde que os afete direta e individualmente.

No processo em apreço o Tribunal de Justiça teria (finalmente) aderido a tal teoria quando considerou que, em princípio, "um regulamento, enquanto ato de alcance geral, não [poderá] ser impugnado por outros sujeitos jurídicos que não as instituições", ainda que "em certas circunstâncias, [possa] dizer individualmente respeito a algumas pessoas singulares ou coletivas, tendo assim, em relação a elas, carácter decisório"; tal será o caso se "o ato em causa atingir uma pessoa singular ou coletiva em virtude de certas qualidades que lhe são específicas ou de uma situação de facto que a caracteriza em relação a qualquer outra pessoa, individualizando-as, por isso, de forma idêntica à de um destinatário"[244].

[241] Assim Xavier Lewis, "Standing of private plaintiffs to annul generally applicable European community measures: if the system is broken, where should it be fixed?", *Fordham International Law Journal*, 30 May 2007, p. 1519.

[242] Assim, T.C Hartley, *The Foundations of European Community Law*, Oxford, p. 371 e ainda Anatole Abaquesne de Parfouru, "Locus standi of private applicants under the article 230 EC action for annulment: any lessons to be learnt from France?", *Maastricht Journal of European and Comparative Law*, 2007, 14, p. 375.

[243] Conclusões apresentadas em 14 de Fevereiro de 1979, no processo 113/77.

[244] N.os 35 e 36 do acórdão citado.

As fórmulas enunciadas vão, todavia, ser abandonadas na jurisprudência seguinte. Paradigmático será o caso *Jégo-Quéré*, no qual o Tribunal esclareceu que verdadeiras medidas legislativas podem ser impugnadas por particulares, desde que afetados direta e individualmente. Recorde-se que, neste caso[245], a sociedade Jégo-Quéré pretendia obter a anulação de certas disposições de um regulamento comunitário, o qual impunha aos navios de pesca que operavam em determinadas zonas uma malhagem mínima para as diferentes técnicas de pesca à rede. O Tribunal Geral – que curiosamente tinha recusado interpretar de forma mais flexível a expressão afetação individual em casos de ambiente, como o do Greenpeace[246] – influenciado, aparentemente, pelas conclusões do advogado-geral Jacobs no acórdão *UPA*, reconheceu legitimidade ativa ao particular, recordando que o Tratado instituiu um sistema completo de vias de recurso e de processos destinado a confiar ao órgão jurisdicional da União a fiscalização da legalidade dos atos das instituições, sendo por isso necessário repensar-se a interpretação estrita que tinha sido feita do conceito de pessoa a quem um ato diz individualmente respeito. Segundo o Tribunal, "a fim de assegurar uma proteção jurisdicional efetiva dos particulares, deve considerar-se que uma disposição comunitária de carácter geral que diz diretamente respeito a uma pessoa singular ou coletiva lhe diz individualmente respeito se a disposição em questão afetar, de forma certa e atual, a sua situação jurídica, restringindo os seus direitos ou impondo-lhe obrigações. O número e a situação de outras pessoas igualmente afetadas pela disposição ou suscetíveis de o ser não são, a este respeito, considerações pertinentes"[247].

Apesar da interpretação sugerida, não foi esta a solução seguida pelo Tribunal de Justiça, que regressou à jurisprudência *Plaumann* e ao teste do círculo fechado de particulares afetados pelo regulamento[248]; anulou,

[245] Acórdão do Tribunal de Primeira Instância, de 3 de Maio de 2002, proc. T-177/01, que foi objeto de recurso para o TJ (acórdão *Comissão/Jégo-Quéré* de 1 de Abril de 2004, processo C-263/02).

[246] Cf. acórdão do Tribunal de Primeira Instância (TPI) de 9 de Agosto de 1995, processo T-585/93, confirmado em sede recurso pelo acórdão do Tribunal de Justiça de 2 de Abril de 1998, processo C-321/95.

[247] N°s 50 e 51 do acórdão do TPI já citado.

[248] Ainda que nem sempre tal teste tenha sido considerado condição suficiente para o particular recorrer do ato ilegal – veja-se, por exemplo, o acórdão *Roquette Frères*, de 7 de Novembro de 1996, processo T-298/94, nº 41-podendo mesmo conduzir a situações injustas –

deste modo, o acórdão de 3 de Maio de 2002[249], afastando o argumento da *Jégo Quéré* que era "o único operador que captura pescada nas águas a sul da Irlanda utilizando navios com dimensões superiores a 30 m" e que as disposições em causa "apenas lhe dizem respeito na sua qualidade objetiva de pescador de pescada que utiliza uma certa técnica de pesca em determinada zona, da mesma forma que dizem respeito a qualquer outro operador económico que se encontre, atual ou potencialmente, numa situação idêntica"[250]. Esclareceu, em todo o caso, que "é jurisprudência assente que não é pelo facto de uma disposição ter alcance geral que fica excluído que a mesma possa dizer diretamente e individualmente respeito a determinados operadores económicos"[251]. Significa isto que atos legislativos podem ser impugnados por particulares, desde que estes sejam afetados direta e individualmente[252].

6. AS ALTERAÇÕES INTRODUZIDAS AO ARTIGO 263º DO TFUE DEPOIS DE LISBOA

O processo de revisão, que conduziu à entrada em vigor do Tratado de Lisboa[253], dava aos Estados-Membros a oportunidade para reformularem a letra do artigo 263º do TFUE e afastarem definitivamente a jurisprudência restritiva do Tribunal de Justiça. Curiosamente, as soluções fixadas ficaram aquém das expectativas.

É certo que foram consagradas várias soluções com o intuito de se flexibilizar o acesso dos particulares aos tribunais da União. Recorde-se, em especial, a nova redação do artigo 263º, quarto parágrafo, do TFUE,

assim, entre muitos, Filip Ragolle, "Access to justice for private applicants in the Community legal order: recent (r)evolutions", *European Law Review*, 2003, 28(1), pp. 90 e ss, especialmente p. 93; de facto, com este teste será muito difícil o particular demonstrar que pertence a um 'círculo fechado' de indivíduos afetados pelo ato em causa se o ato for de aplicação geral.

[249] Processo T-177/01, já citado.

[250] Cf. nº 46 do acórdão citado.

[251] Nº 44, acórdão citado. Fórmula que já fora utilizada no acórdão de 10 de Abril de 2003, *Comissão/Nederlandse Antillen*, processo C-142/00.

[252] Ainda que, segundo alguma doutrina, o requisito da afetação individual deve ser construído de forma mais exigente quando estão em causa atos daquela natureza. Cf. infra ponto 6.

[253] Para uma visão geral das alterações introduzidas pelo Tratado de Lisboa, especialmente a nível institucional, cf. Sofia Oliveira Pais, "O Tratado de Lisboa e a renovação das instituições da União", *Cadernos O Direito*, 2010, nº 5, pp. 319 e ss.

nos termos do qual qualquer pessoa singular ou coletiva pode interpor recurso contra os atos de que seja destinatária ou lhe digam direta e individualmente respeito, bem como contra os *atos regulamentares que lhe digam diretamente respeito e não necessitem de medidas de execução*. Significa isto que, neste último caso, os particulares já não têm de provar que são individualmente afetados pelo ato impugnado. Subsistem, em todo o caso, dificuldades quanto à referência a atos regulamentares, estabelecida na disposição em apreço. Com efeito, não encontramos em nenhuma norma do TFUE uma definição de ato regulamentar e este conceito enquadra-se dificilmente na classificação de atos jurídicos apresentada pelo Tratado de Lisboa (o qual distingue, nos artigos 289º a 291º do TFUE, entre atos legislativos, atos delegados e atos de execução). Daí que a expressão possa ser interpretada de forma ampla (abrangendo mesmo atos legislativos que não necessitam de medidas de execução) ou restrita (limitando-se a abarcar atos do tipo executivo).

São, pois, duas, fundamentalmente, as posições defendidas pela doutrina da União neste contexto. Por um lado, tem sido invocado o argumento histórico para se sublinhar que no projeto de Tratado que estabelecia uma Constituição para a Europa se fazia a distinção entre atos legislativos e atos regulamentares, tendo um grupo de peritos[254] identificado estes últimos como atos não legislativos (vinculativos), criados pelo executivo da União. Ou seja, propunha-se que a distinção entre atos legislativos e executivos fosse inserida na "Constituição Europeia", assente nomeadamente na ideia de que os primeiros gozariam de uma maior legitimidade democrática e que, por isso mesmo, deveriam ser impugnados com maior dificuldade[255].

[254] Cornelia Koch, "Locus standi of private applicants under the EU Constitution: preserving gaps in the protection of individuals' right to an effective remedy", *European Law Review*, 2005, 30, p. 520. Também no sentido que atos regulamentares seriam atos não legislativos, isto é "atos executivos da União", cf. Floris de Witte, "The European judiciary after Lisbon", *Maastricht Journal of European Comparative Law*, 2008, vol.15, nº 1, p. 47. Igualmente no sentido de que "a intenção dos autores do Tratado parece ter sido restringir a impugnação direta de atos da União por parte de particulares, a medidas que revistam natureza executiva e não legislativa", cf. Francisco Paes Marques, ob. cit., p. 101.

[255] Argumento discutível como refere Cornelia Koch, ob. cit., p. 526 até porque mesmo sendo adotado através do processo de codecisão (processo que exige a concordância do Parlamento Europeu e do Conselho e que não se aplica em todos os domínios) não pode ser comparado ao ato nacional adotado por um Parlamento nacional: o Conselho não é eleito democraticamente. Sobre esta questão, cf. ainda Joël Rideau, ob. cit., p. 864.

Acresce que seria a solução mais adequada à evolução da jurisprudência do Tribunal de Justiça e aos desejos dos Estados-Membros de manterem o sistema descentralizado de aplicação do direito da União. Nesta perspetiva só os atos não legislativos (ou de função executiva) que afetassem diretamente o particular poderiam ser impugnados[256].

Quanto ao relevo prático desta alteração, basta recordar que, com a nova redação dada ao quarto parágrafo do artigo 263º do TFUE, a solução a que chegou o Tribunal de Justiça, nomeadamente no acórdão *Jégo-Quéré*, poderia ser diferente. Neste processo, estava em causa um regulamento de execução da Comissão, adotado na sequência de um regulamento de base do Conselho. À luz da nova terminologia diríamos que se trata de um ato regulamentar que não necessita de medidas de execução; logo, *Jégo-Quéré* não teria de demonstrar que foi individualmente afetado e poderia impugnar o regulamento.

Já no caso *UPA* a solução seria a mesma, pois estava em causa um ato de natureza legislativa. O resultado não seria alterado, uma vez que o particular teria sempre de provar que foi individualmente afetado pelo ato em causa. O facto de não existirem medidas de execução nacionais dificulta, em todo o caso, o recurso aos tribunais nacionais e coloca em evidência as dificuldades de uma tutela judicial efetiva.

Por outras palavras: uma interpretação restritiva do quarto parágrafo do artigo 263º do TFUE deixa de fora os atos legislativos que afetam diretamente o particular e não necessitam de medidas de execução. Como sublinha Paul Craig, trata-se de uma solução particularmente desvantajosa, dada a natureza ampla e formal da definição de ato legislativo perfilhada com a entrada em vigor do Tratado de Lisboa: "atos jurídicos adotados por processo legislativo constituem atos legislativos" (art. 289º do TFUE). Pode, deste modo, surgir um ato legislativo que não necessite de medidas de execução, aplicável de facto a um grupo fechado de indivíduos, os quais se veriam impedidos de impugná-lo por não conseguirem provar o requisito da afetação individual[257].

Em síntese, apesar do argumento histórico apontar para uma interpretação restritiva da disposição em causa, não nos parece que deva ser considerado o argumento decisivo, sob pena de as alterações introduzidas

[256] Assim F. P. Marques ob. cit., p. 102.

[257] Paul Craig, *The Lisbon Treaty, Law, Politics, and Treaty Reform*, Oxford, 2010, p. 131.

pelo Tratado de Lisboa neste domínio serem consideradas minimalistas. Pensamos, deste modo, que, não sendo claramente excluída da letra do Tratado a impugnação de atos legislativos (nos termos descritos), deve ser dada uma certa margem de atuação ao Tribunal de Justiça, o qual terá liberdade para uma interpretação mais lata do preceito em apreço. Além do mais, fazer depender a admissibilidade da impugnação apenas da forma do ato (sem realizar uma análise material do mesmo) contraria a jurisprudência existente -que tem sublinhado a necessidade de se atender ao conteúdo do mesmo – e poderá pôr mesmo em causa o princípio da tutela jurisdicional efetiva.

Refira-se, por fim, que mesmo uma interpretação mais ampla da disposição em análise não resolve todos os problemas neste domínio. De facto, relativamente a todos os atos regulamentares que necessitem de medidas de execução[258], e não afetem individualmente o particular, mantém-se, como já foi sublinhado[259], o problema da inexistência de um "remédio efetivo", uma vez que a noção ampla de atos legislativos, adotada a partir da entrada em vigor do Tratado de Lisboa, não foi acompanhada da flexibilização das condições de admissibilidade do recurso. Sendo a legitimidade dos particulares relativamente aos atos de alcance geral demasiado restritiva, não é de estranhar que continuem a surgir vozes a defender a introdução de novas ações[260] (designadamente, a criação de uma ação especial que permitisse ao particular impugnar diretamente atos da União de alcance geral que violassem direitos fundamentais) ou recursos (nomeadamente a criação de um mecanismo do tipo do recurso de amparo), ou, pelo menos,

[258] Note-se que a referência à ausência de medida de execução é suscetível de se confundir com a própria expressão 'afetação direta' (isto é, obrigação sem necessidade de intervenção de autoridades nacionais ou da União); e, por isso, entende alguma doutrina dever continuar a exigir-se mesmo no caso dos atos regulamentares "uma certa individualização ainda que mínima do particular atingido", cf. F. Paes Marques, ob. cit., p. 105.

[259] Cornelia Koch, "Locus standi of private applicants under the EU Constitution: preserving gaps in the protectin of individuals' right to an effective remedy", *European Law Review,* 2005, 30, p. 519.

[260] Sobre esta questão, cf. John Temple Lang, "Actions for declarations that Community regulations are invalid: the duties of national courts under Article 10 EC", *European Law Review,* 2003, 28, pp. 102 e ss. e ainda do mesmo autor "Developments, issues, and new remedies – the duties of national authorities and courts under article 10 of the EC Treaty", *Fordham International Law Journal,* June 2004, pp. 1904 e ss.

a alteração da jurisprudência Plaumann, ou da própria letra do artigo 263º do TFUE, tornando, por exemplo, alternativas as condições de afetação direta e individual[261].

7. CONCLUSÕES

Com a entrada em vigor do Tratado de Lisboa foram introduzidas alterações ao artigo 263º, quarto parágrafo, do TFUE, aparentemente com o objetivo de alargar a legitimidade ativa dos particulares. Apesar de a revisão dessa disposição ser há muito defendida pela doutrina, a redação final parece ter ficado aquém das expectativas. De facto, as incertezas quanto ao conceito de ato regulamentar suscetível de impugnação, bem como a manutenção da jurisprudência complexa e restritiva do Tribunal de Justiça relativa às condições de admissibilidade de tal recurso (suscetível de causar alguma insegurança jurídica neste domínio), levantam dúvidas sobre a eficácia das alterações introduzidas. Se as soluções minimalistas estabelecidas têm a vantagem de não onerar os tribunais da União, mantendo o sistema de aplicação descentralizada do direito da União, a verdade é que podem continuar a surgir lacunas no sistema de vias de recurso fixadas no Tratado, sendo de ponderar, mais uma vez, a introdução de novas ações ou recursos ou a eventual flexibilização da jurisprudência existente.

261 No sentido de que a jurisprudência do TJ devia ir além de uma interpretação do quarto parágrafo do artigo 263º do TFUE pautada pelo argumento histórico, cf. Paul Craig ob. cit., pp. 131 e ss. Em sentido contrário cf. supra nota 41. Para uma visão geral das vantagens e desvantagens do recurso de amparo, cf. Catarina Santos Botelho, *A tutela direta dos direitos fundamentais – Avanços e recuos na dinâmica garantística das justiças constitucional, administrativa e internacion*al, Almedina, 2010. Levantando a questão da eventual previsão pelo direito da União Europeia do recurso de amparo "ao qual os cidadãos possam ter acesso em caso de violação de direitos fundamentais", cf. Francisco Paes Marques, ob. cit., p. 109.

V
A Proteção dos Direitos Fundamentais na União Europeia[262]

SUMÁRIO: 1. Do silêncio inicial dos Tratados à criação de uma solução pretoriana. 2. A alteração dos Tratados em consonância com a jurisprudência do Tribunal de Justiça relativa à proteção de direitos fundamentais. 3. A adoção da Carta dos Direitos Fundamentais da União Europeia. 4. A Carta como expressão do modelo social europeu. 5. O Tratado de Lisboa e a Carta dos Direitos Fundamentais da União Europeia.

1. DO SILÊNCIO INICIAL DOS TRATADOS À CRIAÇÃO DE UMA SOLUÇÃO PRETORIANA

O Tratado constitutivo da Comunidade Económica Europeia não continha nenhuma disposição relativa à proteção dos direitos fundamentais.

[262] O texto que aqui se reproduz resulta da fusão de duas intervenções orais realizadas na Faculdade de Direito de Lisboa da Universidade Clássica, em 2011. A primeira intitulada "The protection of fundamental rights in Europe before and after the accession of the European Union to the European Convention of Human Rights – Some questions concerning the legal impact of the Charter of Fundamental Rights" no âmbito do 8º Congresso Internacional da *Societas Iuris Publici Europaei* (SIPE), em 23 de Setembro de 2011 (no prelo). A segunda, intitulada "A Carta dos Direitos Fundamentais como expressão do modelo social europeu", realizada no contexto do ciclo de conferências sobre "O modelo social europeu e a economia social de mercado", organizado pelo Centro de Excelência Jean Monnet, em 15 de Novembro de 2011.

O legislador visou claramente um objetivo económico – a construção de um mercado comum –, e acreditava que para a defesa dos direitos fundamentais seriam suficientes as soluções consagradas a nível interno, nomeadamente no plano constitucional[263]. A evolução das Comunidades e da própria jurisprudência do Tribunal de Justiça, sobretudo a partir dos acórdãos *Van Gend en Loos e Costa c. ENEL*[264], fundadores dos princípios do efeito direto e do primado, vão reforçar a necessidade de um modelo europeu de defesa de direitos fundamentais. De facto, a inexistência de um catálogo de direitos fundamentais nos Tratados, acompanhada da extensão das atribuições da Comunidade Económica Europeia, hoje União Europeia, eram argumentos frequentemente utilizados no plano nacional para se contestar o primado e o efeito direto das normas da União[265]. Por outras palavras, só a proclamação e tutela efetiva dos direitos fundamentais na União seriam capaz de consolidar a legitimidade da União, pois fornecer-lhe-ia, como refere Chalmers, uma "garantia de qualidade": estando em causa direitos fundamentais para a dignidade humana, a sua tutela é uma garantia da qualidade de vida dos sujeitos da comunidade política que se quer criar[266].

Com o acórdão *Stauder*, o Tribunal de Justiça deu início à construção de um modelo europeu de proteção de direitos fundamentais, afirmando que os direitos fundamentais fazem parte integrante dos princípios gerais

[263] Era aliás este igualmente o entendimento inicial do Tribunal de Justiça. Veja-se por exemplo o acórdão *Stork c. Alta Autoridade*, de 4 de Fevereiro de 1959, proc. 1/58.

[264] Acórdão *Van Gend & Loos c. Administração Fiscal neerlandesa*, de 5 de Fevereiro de 1963, proc. 26/62 e acórdão *Costa c. ENEL*, de 15 de Julho de 1964, proc. 6/64.

[265] Não sendo garantida a tutela dos direitos fundamentais na União, e não sendo eventualmente possível a invocação da norma nacional protectora do direito fundamental por aplicação do princípio do primado, poderíamos ter situações de denegação de justiça.

[266] Damien Chalmers e Adam Tomkins, *European Union Public Law*, Cambridge University Press, 2007, p. 232. E daí que, no caso Solange II , o Tribunal Constitucional alemão tenha alterado a sua posição e afirmado que, apesar de na época não existir na Comunidade um catálogo de direitos fundamentais, o nível de proteção fixado pelo Tribunal de Justiça era substancialmente coincidente com o concedido pela constituição alemã, pelo que o Tribunal Constitucional alemão dava ao direito comunitário o benefício da dúvida, e não iria fiscalizar a conformidade de tal direito com a Lei Fundamental alemã. Para uma análise desta decisão, bem como para o estabelecimento de um eventual paralelismo com o caso *Bosphorus*, acórdão do Tribunal Europeu dos Direitos do homem de 10 de Junho de 2005, cf. Patrícia Martins, ob. cit., pp. 83 e ss.

do "direito comunitário", cuja respeito deve assegurar[267], funcionando como parâmetros de validade das normas "comunitárias". Em seguida, acrescentou, respetivamente, nos acórdãos *Internationale Handelsgesellschaft, Nold e Rutili*, que o conteúdo de tais direitos podia ser determinado por referência às tradições constitucionais dos Estados-Membros, bem como aos instrumentos internacionais relativos aos Direitos do Homem dos quais os Estados-Membros fossem parte ou em cuja elaboração participaram[268].

[267] Acórdão *Herbert Karner*, de 25 de Março de 2004, proc. C-71/02, par. 49.

[268] No primeiro acórdão, proc. 11/70, de 17.12.1970, o Tribunal remeteu para as tradições constitucionais dos Estados-Membros no contexto dos objetivos da União (e daí que Cunha Rodrigues sublinhe que nesse acórdão a proteção dos direitos fundamentais foi considerada enquanto instrumento de integração europeia, cf. "The incorporation of fundamental rights in the Comunity legal order", *in The past and the future of european law: the classics of EU law revisited on the 50th anniversary of the Rome Treaty*, ed. Poiares Maduro e Loïc Azoulai, Oxford, Hart Publishing, 2010, pp. 91 e ss.); no segundo caso, proc. 4/73, de 14 de Maio de 1974, o Tribunal amplia, no parágrafo 13, o conteúdo dos direitos fundamentais fazendo apelo "a instrumentos internacionais relativos à proteção dos direitos do homem, em que os Estados--Membros colaboraram ou aderiram", depois de reforçar que, ao garantir a proteção desses direitos se inspira, "nas tradições constitucionais comuns aos Estados-Membros e não pode assim admitir medidas incompatíveis com os direitos fundamentais reconhecidos e garantidos pelas constituições destes Estados"; finalmente no último acórdão *Rutili*, proc. 36/75 de 28 de Outubro de 1975, o Tribunal apela especificamente à Convenção Europeia para a proteção dos Direito do Homem e das Liberdades Fundamentais, cujos direitos representam o mínimo garantido pelas constituições dos Estados-Membros, apelo repetido nos acórdãos *Carpenter*, proc. C-60/00, *Schmidberger*, de 12 *de* Junho de 2003, proc. C-112/00 (recorde-se que neste caso o governo permitiu que a associação de defesa do ambiente se manifestasse e fechasse a auto-estrada, prejudicando uma empresa de transportes, que invocou violação de livre circulação de mercadorias; em contrapartida invocaram-se a liberdade de expressão e reunião nos termos da constituição austríaca e dos arts. 10º e 11º da CEDH; o Tribunal de Justiça aceitou a limitação à livre circulação de mercadorias, exigida pelo respeito dos direitos fundamentais; ou seja, limitações às liberdades podem ser justificadas por objetivos de interesse geral – *in casu* a manifestação pacífica só restringiu a liberdade por tempo limitado e só naquela auto-estrada) e *Omega*, de 14 de Outubro de 2004, proc. C-36/02 (neste caso estava em causa a proibição de certos jogos, na Alemanha, por violação da dignidade humana, e por constituírem um perigo para a ordem pública, isto é, os jogos visavam disparar sobre alvos humanos, através de raios laser, ou dispositivos semelhante, simulando atos homicidas com o registo de tiros que atingem o alvo, e banalizavam a violência; apesar da interpretação deste direito fundamental não ser partilhada por todos os Estados-Membros , o Tribunal aceitou a sua invocação para restringir a livre prestação de serviços da empresa Omega, que explorava nomeadamente o estabelecimento dedicado à prática de 'desportos laser'). Ou seja, no acórdão *Rutili*, bem como no acórdão subsequente *ERT*, proc. C-260/89, nº 43, o Tribunal

Além disso, o Tribunal esclareceu que neste contexto fiscalizará não só a atuação das instituições da União mas ainda a dos Estados-Membros quando apliquem o direito da União[269].

É claro que esses direitos, como esclareceu igualmente a mesma instituição, não devem ser entendidos como "prerrogativas absolutas", podendo ser restringidos no seu exercício, desde que "essas restrições tenham, efetivamente, por fundamento objetivos de interesse geral prosseguidos pela Comunidade e não constituam, face a esses objetivos, uma intervenção desproporcionada e intolerável suscetível de atentar contra a própria essência desses direitos"[270]. Concluiu, pois, no acórdão *Wachauf*, que "uma regulamentação comunitária que privasse, sem qualquer compensação, o arrendatário, no termo do contrato de arrendamento, dos frutos do seu trabalho e dos investimentos que efetuou na exploração arrendada, seria incompatível com as exigências que decorrem da proteção dos direitos

interpretou de forma restritiva as medidas nacionais que limitam as disposições dos Tratados relativas à livre circulação: as medidas nacionais só serão justificadas se forem compatíveis com os direitos fundamentais cujo respeito é assegurado pelo TJ.

[269] Assim, cf. acórdão *Wachauf*, de 13 de Julho de 1989, proc. 5/88, n.os 18-19.

[270] Acórdão *Wachauf* de 13 de Julho de 1989, proc. 5/88, nº 18. Note-se que a ideia que a restrição a um direito fundamental, ou a uma liberdade fundamental, garantida pelo Tratado, só pode ser justificada se for adequada a garantir a realização do objetivo prosseguido e não ultrapassar o necessário para o alcançar, vai ser repetida nos acórdãos seguintes, cf. por exemplo o acórdão *Viking* proc. C – 438/05, ou o caso *Dymanic Medien*, de 14 de Fevereiro de 2008, C-244/06. Hoje, a Carta, no seu art.º 52º, estabelece que qualquer restrição ao exercício dos direitos e liberdades reconhecidos pela presente carta deve estar na lei e respeitar o conteúdo essencial desses direitos e liberdades. Na observância do princípio da proporcionalidade, essas restrições só podem ser introduzidas se forem necessárias e corresponderem efetivamente a objetivos de interesse geral reconhecidos pela União ou à necessidade de proteção de direitos e liberdades de terceiros. O Memorando explica que se baseia na jurisprudência do Tribunal e que os interesses visados são os do art.º 3º do TUE e outros como os do art.º 4º, nº 1, do TUE e 35º nº 3, 36º, e 346º do TFUE. Acresce ainda o seguinte: (1) Na CEDH as limitações estão ligados a certos direitos e na Carta a possibilidade de limitação apresenta-se como uma cláusula geral; mas, como é evidente, há direitos inderrogáveis, como foi dito no acórdão *Schmidberger* (por exemplo, o direito à vida, cf. proc. C-112/00); (2) A referência à necessidade de a limitação respeitar o 'conteúdo essencial desse direito' foi herdada da lei alemã, mas o Tribunal nem sempre lhe deu o mesmo alcance; para o Tribunal o ponto de partida é que é admissível, desde que não seja desproporcional nem seja uma interferência intolerável na substância do direito; (já para Paul Craig, cf. *The Lisbon Treaty, Law, Politics, and Treaty Reform*, Oxford, 2010, pp. 206 e ss., a expressão deve ter o sentido inverso, igual ao alemão, isto é, deve respeitar a essência do direito e deve ainda ser proporcional, necessária e no interesse geral).

fundamentais na ordem jurídica comunitária. Como estas exigências vinculam igualmente os Estados-membros aquando da implementação das regulamentações, segue-se que estes são obrigados, na medida do possível, a aplicá-las respeitando as referidas exigências".

À mesma conclusão chegou ainda o TJ no caso das diretivas; ou seja, ao cumprirem a obrigação de transposição, os Estados-Membros devem respeitar os direitos fundamentais, enquanto princípios gerais de direito, podendo mesmo tais princípios, em certos casos, ser invocados nas relações entre particulares. No caso *Mangold*[271], o Tribunal considerou que o princípio da não discriminação em razão da idade devia ser considerado um "princípio geral de direito comunitário", podendo ser invocado numa relação entre particulares. Já no caso *Seda*[272], entendeu o Tribunal que cabe ao órgão jurisdicional nacional assegurar o pleno efeito do princípio da não discriminação em razão da idade, tal como concretizado pela diretiva 2000/78, desaplicando se necessário a lei nacional contrária. Ou seja, em certos casos este princípio poderá ser aplicado horizontalmente[273]. Em aberto continua a questão de saber se a jurisprudência enunciada tem um campo de aplicação mais vasto, isto é, se será igualmente válida relativamente a outros princípios gerais de direito da União Europeia[274].

[271] Acórdão de 22 de Fevereiro de 2005, proc. C-144/04, nº 75.

[272] Acórdão de 19 de Janeiro de 2010, proc. C-555/07 nºs 51 e ss.

[273] Neste sentido Wyatt e Dashwood's, *European Union Law,* Hart Publishing, Oxford, 2011, p. 345. Note-se que o princípio referido vem enunciado na CEDF, ainda que esta à partida não tenha efeito horizontal (isto é, dirige-se às instituições e Estados-Membros). Discute-se, em todo o caso, se os direitos aí referidos podem ser considerados princípios gerais, caindo sob a alçada do acórdão *Seda*, de 19.1.2010, proc. C-555/07.

[274] Note-se ainda que, tal como referem Wyatt e Dashwood's, ob. cit., pp. 351 e 352, a proteção dos direitos fundamentais na União, ainda hoje parece ser posta em causa por certos processos no domínio da concorrência. Como é sabido, na União, a Comissão Europeia investiga a violação das normas da concorrência e aplica sanções, que não têm , nos termos do Regulamento 1/2003, natureza criminal. Se tivessem tal natureza, seriam problemáticas face ao artigo 6º da CEDH. E a verdade é que apesar do Tribunal Geral não considerar tais multas como sanções penais, entende que as garantias dos artigos 6º e 7º da CEDH se aplicam em certa medida aos poderes de investigação da Comissão.

2. A ALTERAÇÃO DOS TRATADOS EM CONSONÂNCIA COM A JURISPRUDÊNCIA DO TRIBUNAL DE JUSTIÇA RELATIVA À PROTEÇÃO DOS DIREITOS FUNDAMENTAIS

As orientações do Tribunal de Justiça foram rapidamente acolhidas pelos Conselho, Parlamento Europeu e Comissão Europeia na Declaração Conjunta de 5 de Abril de 1977 -na qual se afirmaram vinculados pelos direitos fundamentais, enquanto princípios gerais de direito comunitário[275] – e só mais tarde foram inseridas nos Tratados: em primeiro lugar, foi feita uma breve referência aos direitos fundamentais no preâmbulo do Ato Único Europeu; depois, surgiu o apelo ao respeito dos direitos fundamentais pela União Europeia no artigo 6º, n.º 2, do Tratado da União Europeia; em seguida, o Tratado de Amesterdão estendeu a jurisdição do Tribunal ao referido artigo 6º quanto à atuação das instituições, criando um novo procedimento para fiscalizar a atuação dos Estados-membros quando violem de forma grave direitos fundamentais, e estabeleceu o respeito por tais direitos como uma das condições de adesão de novos Estados-Membros; finalmente, o Tratado de Nice acrescentou que o Conselho pode dirigir recomendações aos Estados quando exista o risco manifesto de violação do referido artigo 6º. As alterações introduzidas foram, em todo o caso, consideradas insuficientes para dar visibilidade e conferir eficácia a um catálogo de direitos fundamentais reconhecidos pela União Europeia, e daí a adoção da Carta de Direitos Fundamentais em 2000.

3. A ADOÇÃO DA CARTA DOS DIREITOS FUNDAMENTAIS DA UNIÃO EUROPEIA

Em 7 de Dezembro de 2000, foi proclamada a Carta dos Direitos Fundamentais da União Europeia (CDFUE/Carta). A Carta contém uma rede de direitos, sem estabelecer qualquer relação hierárquica entre eles[276]: os direitos fundamentais referidos na CEDH e nas tradições constitucionais comuns dos Estados-Membros; os direitos fundamentais dos cidadãos da União e ainda os direitos económicos e sociais referidos na Carta Social

[275] JO C 103/1 (1977).

[276] Note-se que ao manter os vários direitos numa relação de horizontalidade, a Carta não resolve o problema de eventuais conflitos de direitos.

Europeia e na Carta Comunitária dos Direitos Sociais Fundamentais dos Trabalhadores.

Para uns, a Carta é a base a partir da qual foi construído um projeto constitucional para a Europa; ou seja, vai contribuir para a construção da identidade política europeia e mobilizar os cidadãos da União. Para outros, é uma garantia constitucional que a União não vai ameaçar os valores dos Estados-Membros; isto é, a Carta deve ser considerada um limite ao processo de integração europeia, consolidando apenas o *acquis communautaire* e garantindo a legitimidade do regime[277]. Dito de outro modo: a Carta (apenas) daria visibilidade e coerência aos direitos fundamentais.

Note-se que a Carta só se tornou obrigatória com a entrada em vigor do Tratado de Lisboa. Faz agora parte do ordenamento jurídico da União, a qual deve aceder à Convenção Europeia dos Direitos do Homem. Nos termos do artigo 6º, do TUE, apesar de a Carta formalmente não fazer parte dos Tratados, tem o mesmo valor daqueles. Ainda que alguns Estados, designadamente, Reino Unido e Polónia, tenham adotado protocolos (com o mesmo valor dos Tratados) que, sem consagrarem uma cláusula geral de *opt out*, querem salvaguardar preocupações domésticas. A Polónia quis um protocolo que garantisse a "sua" moralidade pública, já o Reino Unido procurou proteger a "sua" visão dos direitos sociais e do trabalho, dificultando, de certo modo, a compreensão da questão da aplicação da carta[278].

[277] Sobre estas, e outras, perspetivas da Carta cf. P. Craig, ob. cit., p. 293. Note-se ainda que a necessidade de novos equilíbrios entre a dimensão económica e social, da Comunidade Europeia (hoje União Europeia), começou por afirmar-se no Ato Unico Europeu (que introduziu novas áreas) e foi reforçada nos Tratados seguintes: Maastricht (por exemplo introduziu a cidadania, consolidando a dimensão social da União; e Amesterdão (que introduziu o art.º 16 TCE, o qual reconhecia os serviços de interesse económico geral). De facto, o mercado interno não ficou 'concluído' em 1992, antes se apresenta como um processo em construção, em que o crescimento económico e a coesão social não se excluem antes se reforçam mutuamente. Com Tratado de Lisboa, reafirma-se que os valores da UE são a liberdade, democracia, respeito pelos direitos fundamentais e pela 'rule of law'. Refira-se, por fim, que em 2002 foi criada a Rede Europeia de Peritos Independentes sobre Direitos Fundamentais (cf. http://europa.eu/legislation_summaries/human_rights/human_rights_in_third_countries/r10114_pt.htm) e em 2007 a Agência de Direitos Fundamentais (cf. Regulamento (CE) 168/2007, do Conselho, de 15 de Fevereiro de 2007, JO L 53 de 22.2.2007), reforçando a dimensão social da União.

[278] Por outras palavras, pretendem os referidos Estados-Membros que a Carta não afete o poder de legislarem no domínio do direito a família (Polónia) ou no âmbito dos direitos sociais e de trabalho, designadamente quanto ao direito à greve (Reino Unido).

4. A CARTA COMO EXPRESSÃO DO MODELO SOCIAL EUROPEU

A expressão, algo vaga e difusa, de modelo social europeu tem sido utilizada no contexto da União para referir a existência de princípios comuns e características comuns às políticas sociais dos diferentes sistemas nacionais, ou seja, um projecto de uma 'política' que se baseia e resulta de vários sistemas nacionais, promovido pela União e desenvolvido a nível supranacional[279].

Falamos em projeto de uma política social, uma vez que[280] a Comunidade Europeia não tinha tais competências nos Tratados originários, ou, pelo menos, essas competências eram muitíssimo limitadas quanto a aspetos essenciais de uma política social, nomeadamente, segurança social, saúde, educação e habitação. Inicialmente, a legislação social da Comunidade Europeia (hoje União) centrava-se em direitos relacionados com o trabalhador e com o trabalho e era justificada com a necessidade de serem removidos obstáculos ao mercado interno. A situação começa a alterar-se com o Ato Único Europeu e com os Tratados da União Europeia e de Amesterdão, e volta a colocar-se com especial interesse aquando da aprovação da CDFUE, em 7 de Dezembro de 2000, uma vez que vários Estados-Membros se opuseram à inserção de direitos sociais na Carta, alegando que não eram direitos fundamentais e além disso escapavam à competência da União. Contra o modelo social europeu recordaram-se, aliás, vários argumentos: fraqueza da democracia maioritária transnacional, dificuldade em serem conduzidas políticas redistributivas para lá do Estado, falta de um forte *demos* europeu e laços de solidariedade insuficientes entre os cidadãos de diferentes Estados[281].

Apesar das dificuldades enunciadas, e da tensão referida, foram introduzidas inúmeras disposições na Carta com relevância social. Desde logo, no Capítulo IV[282], intitulado "Solidariedade", a maioria dos direitos enunciados incide em matéria laboral ou de segurança social: refiram-se, por exemplo, o direito à informação e consulta dos trabalhadores no seio das empresas (art.º 27º) ou o direito à negociação coletiva e ações coletivas,

[279] Gráinne de Búrca, *Towards european welfare? In search of solidarity*, Oxford University Press, 2006, p. 3.

[280] Cf. Siofra O'Leary, "Solidarity and Citizenship Rights in the Charter of Fundamental Rights of the European Union", in Gráinne de Búrca, *Towards...*, ob. cit., p. 56.

[281] Gráinne de Búrca, ob. cit., p. 3.

[282] Arts. 27º a 38º da Carta.

incluindo o direito à greve (art.º 28º). Além deste título, encontramos dispersas pela Carta muitas outras disposições com relevância social; refiram-se, a título meramente ilustrativo, os princípios gerais da não discriminação e da igualdade de género (arts. 21º e 23º) e a regra relativa à inserção profissional das pessoas portadoras de deficiência (art.º 26º).

Em suma, a Carta refere múltiplos direitos sociais, concebidos de forma ampla, ainda que o seu impacto no balanço entre a vertente económica e a vertente social da União dependa não só da interpretação de direitos específicos, mas sobretudo da solução seguida em relação a um conjunto de questões complexas, essenciais para definir o alcance desses direitos.

Uma primeira questão, com particular interesse na discussão sobre o modelo social consagrado na Carta, é a de saber se esta cria novos direitos ou se se limita a consolidar os direitos existentes. Repare-se que parte da doutrina[283] duvida que a adoção da Carta represente uma mais valia significativa; ou seja, a União não necessitaria de um novo catálogo de direitos fundamentais, seriam suficientes os esclarecimentos prestados pela jurisprudência do Tribunal neste domínio. Por outras palavras: um breve lance de olhos pelos cerca de 50 direitos, liberdades e princípios sugeriria que os Estados-Membros não quiseram atribuir direitos novos; o objetivo da carta teria sido, sobretudo, o de reforçar a legitimidade da União, tornando mais fácil aos indivíduos a perceção dos direitos fundamentais disponíveis no contexto da União. Sustentariam esta posição o preâmbulo da Carta, nos termos do qual "esta reafirma, no respeito pelas atribuições e competências da União e na observância do princípio da subsidiariedade, os direitos que decorrem, nomeadamente, das tradições constitucionais e das obrigações internacionais comuns aos Estados-Membros, da Convenção Europeia para a proteção dos Direitos do Homem e das Liberdades Fundamentais, das Cartas sociais aprovadas pela União e pelo Conselho da Europa, bem como da jurisprudência do Tribunal de Justiça da União Europeia e do Tribunal Europeu dos Direito do Homem", devendo ser interpretada pelos "órgãos jurisdicionais da União e dos Estados-Membros"; o próprio artigo 6º, nº 1, do TUE, segundo o qual o disposto na Carta não pode alargar as competências da União, tal como definidas nos Tratados; e, por

[283] Sobre esta questão, cf. M. Poiares Maduro, "The double constitutional life of the Charter of Fundamental Rights", in T. Harvey e J. Kenner (eds.), *Economic and social rights under the EU Charter of Fundamental Rights: A Legal Perspective*, Hart Publishing, 2003, p. 276 e Wyatt e Dashwood's, *European Union Law*, Hart Publishing, 2011, p. 362.

fim, o artigo 51º, nº 2, da Carta, confirma que esta "não torna o âmbito de aplicação do direito da União extensivo a competências que não sejam as da União, não cria novas atribuições ou competências para a União, nem modifica as atribuições e competências definidas pelos Tratados".

Outros autores entendem, no entanto, que o artigo 6º do TUE representa um 'salto qualitativo e quantitativo' no plano europeu dos direitos fundamentais. Assim, apesar da maioria dos direitos referidos na Carta já serem protegidos por várias fontes (por exemplo, CEDH e outras convenções internacionais, e as tradições constitucionais dos Estados-Membros), pode afirmar-se que a Carta consagra certos direitos novos (como por exemplo, o direito à proteção de dados pessoais ou o direito a um nível elevado de proteção do ambiente) na medida em que o Tribunal de Justiça ainda não os reconheceu como princípios gerais de direito da União. Logo, o que seria 'novo' não seria tanto o direito referido na Carta, mas o facto de esse direito ainda não ter sido considerado direito fundamental no contexto da União[284].

Em suma, a Carta vem consolidar e estender, em certa medida, a "política" europeia da proteção dos direitos fundamentais, sem a esgotar como é óbvio, contribuindo para a sua clarificação e coerência, e sobretudo para incentivar a sua utilização pelos tribunais da União, que terão de passar a considerar o seu novo *status* quando fiscalizam a interpretação e aplicação do direito da União.

Uma segunda questão prende-se com o campo de aplicação da Carta. Parece evidente, atendendo à letra da lei, que a Carta só terá um *impacto vertical*[285]. De facto, nos termos do art.º 51º, nº 1, da Carta, as suas disposições dirigem-se às instituições, órgãos e organismo da União e aos Estados-Membros quando apliquem o direito da União. Na Anotação ao referido artigo esclarece-se que o termo 'instituições' é o consagrado nos Tratados: Parlamento Europeu, Conselho Europeu, Conselho, Comissão Europeia, Tribunal de Justiça, Banco Central Europeu e Tribunal de Contas (art.º 13º do TUE). Já a expressão 'órgãos e organismos' é utilizada nos Tratados para designar todas as instâncias criadas pelos Tratados ou por

[284] Cf. Xavier Groussot, "Fundamental rights protection in the European union post Lisbon Treaty", *European issues*, n.º 173, 14.6.2010, pp. 2 e 5.

[285] Assim, Paul Craig, *The Lisbon Treaty, Law, Politics and Treaty Reform,* Oxford, p. 206, o qual refere ainda que a redação dada a certas disposições da carta seria inconsistente com o alcance vertical mencionado no artigo 51º, como sucederia, por exemplo, na referência feita no artigo 24º às instituições privadas.

atos de direito derivado (por exemplo, artigos 15º e 16º do TFUE). Por fim, a referência aos Estados-Membros deverá abranger as autoridades centrais, as instâncias regionais ou locais e os organismos públicos quando dão execução ao direito da União.

Conferir apenas alcance vertical à Carta teria ainda facilitado a sua proclamação, dada a amplitude de direitos reconhecidos. Significa isto que os direitos consagrados na Carta poderão ser invocados no contexto de uma relação vertical (particular – Estado/instituição ou órgão da União), mas não no âmbito de uma relação horizontal (particular-particular). É claro que esta diversidade de regimes tem consequências práticas não despiciendes. Desde logo, e como já sublinhou Paul Craig, direitos idênticos, teriam um campo de aplicação diferente, consoante estivessem previstos na Carta ou não. Veja-se por exemplo, o art. º 23º da Carta, segundo o qual deve ser "garantida a igualdade entre homens e mulheres em todos os domínios, incluindo em matéria de emprego, trabalho e remuneração". Trata-se de uma disposição semelhante ao artigo 157º do TFUE, nos termos do qual os "Estados-Membros assegurarão a aplicação do princípio da igualdade de remuneração entre trabalhadores masculinos e femininos, por trabalho igual ou de valor igual", norma esta aplicável às relações entre particulares[286]. É, pois, difícil compreender que, sendo o direito substancialmente o mesmo, tenha um alcance diferente consoante o instrumento jurídico invocado. Afirmar que a Carta só tem efeitos verticais, tende a esquecer que hoje se esbate, cada vez mais, a distinção entre a esfera pública e a privada, e que a proteção dos direitos fundamentais assume um relevo crescente nas relações que se estabelecem entre particulares. Daí que não nos pareça excessivo reconhecer à Carta certos efeitos horizontais limitados, nomeadamente, permitindo a sua utilização como orientações na interpretação de regras aplicáveis às relações entre particulares[287].

Uma terceira questão, igualmente relevante na discussão sobre a Carta enquanto expressão do modelo social europeu, refere-se à distinção, aí estabelecida, entre direitos e princípios. No termos do artigo 52º, nº 5, da Carta, "as disposições da presente carta que contenham princípios podem ser aplicadas através de atos legislativos e executivos tomados pelas instituições, órgãos e organismos da União e por atos dos Estados-Membros

[286] Acórdão de 8 de Abril de 1976, *Defrenne*, proc. 43/75.

[287] Assim Paul Craig, ob. cit., p. 209.

quando estes apliquem o direito da União, no exercício das respectivas competências. Só serão invocadas perante o juiz tendo em vista a interpretação desses atos e a fiscalização da sua legalidade". Por outras palavras: as disposições da Carta que estabeleçam princípios podem orientar a interpretação dos tribunais, mas não podem ser invocadas nesses mesmos tribunais, nem pode o particular exigir um comportamento positivo por parte da União ou dos Estados-Membros. Já as disposições da carta que consagram direitos podem ser invocáveis judicialmente pelos particulares, sem necessidade de serem previamente implementadas legislativamente. Significa isto que os particulares podem fazer queixa à Comissão para esta intentar uma ação por incumprimento, nos termos do art. 258º do TFUE, quando considerarem que o direito consagrado na Carta não foi suficientemente protegido pelo Estado-Membro, ou uma ação por omissão, se a instituição da União se absteve de atuar quando tinha a obrigação de o fazer, nos termos do art. 265º do TFUE, ou ainda interpor um recurso de anulação, à luz do art. 263º do TFUE, quando a instituição atuou e adotou medidas inconsistentes com a Carta.

Há quem entenda que a dicotomia estabelecida na carta entre direitos e princípios teria sempre uma vantagem: evitar a solução do 'one size fits all', uma vez que os tribunais nem sempre seriam capazes de decidir sobre a violação de certas disposições (pense-se, por exemplo, no artigo 35º e na referência a "um elevado nível de proteção da saúde"). Distinguir entre direitos e princípios seria o preço a pagar para inserir na carta disposições do tipo referido[288].

Por outro lado, a verdade é que a Carta nem sempre menciona de forma transparente se a disposição em apreço é um direito ou um princípio, criando uma certa insegurança jurídica. É claro que há casos em que a referência consta da própria norma. Veja-se, por exemplo, o art.º 37º da Carta, que menciona o *princípio do desenvolvimento sustentável,* ou o artigo 23º do mesmo diploma, que refere o *princípio da igualdade entre homens e mulheres.* Já o art.º 26º da Carta, por seu turno, menciona o *direito das pessoas com deficiência,* mas a anotação à referida disposição afirma tratar-se de um princípio. Estas dificuldades acentuam-se no caso dos *direitos sociais,* ou *socioeconómicos,* uma vez que muitos deles são meros princípios, que neces-

[288] Damien Chalmers e Adam Tomkins, *European Union Public Law,* Cambridge University Press, 2007, p. 257.

sitam de medidas de implementação dos poderes públicos para poderem ser invocados[289]. E, precisamente, porque a distinção não é clara, deve evitar-se a tentação de equiparar direitos às disposições de natureza civil e política, e princípios às disposições de natureza socioeconómica. O comissário Vitorino entendia que quando a disposição da Carta designasse claramente o titular estaríamos perante um direito, e que seria um princípio se a disposição estabelecesse que a União devia "respeitar ou reconhecer um valor específico como saúde, ambiente ou proteção dos consumidores"; esta dicotomia seria consolidada pela prática e pela jurisprudência do Tribunal de Justiça[290].

Por fim, discute-se, dada a pluralidade de fontes e intérpretes no contexto europeu dos direitos fundamentais, como devem ser resolvidos eventuais conflitos. O artigo 52º, nº 3, da Carta, estabelece uma *cláusula de correspondência*, nos termos da qual "na medida em que a Carta contenha direitos correspondentes aos direitos garantidos pela Convenção Europeia para a Proteção dos Direitos do Homem e das Liberdades Fundamentais, o sentido e o âmbito desses direitos são iguais aos conferidos por essa Convenção", acrescentando ainda que "esta disposição não obsta a que o direito da União confira uma proteção mais ampla[291]. Significa isto que os direitos da CEDH, que serviram de fonte à Carta, são considerados *standards mínimos de proteção* dos direitos fundamentais, sendo certo que eventuais divergências quanto ao sentido e alcance de direitos consagrados na Carta e na CEDH serão mais facilmente resolvidos com a adesão da União à CEDH[292]. Por outro lado, quando se verificar uma sobreposição

[289] Veja-se, por exemplo, o art.º 25º da Carta, relativo aos direitos das pessoas idosas.

[290] Vitorino *apud* Paul Craig, ob. cit., p. 217.

[291] O nº 4 da mesma disposição acrescenta que, "na medida em que a presente carta reconheça direitos fundamentais decorrentes das tradições constitucionais comuns aos Estados-Membros, tais direitos devem ser interpretados de harmonia com essas tradições".

[292] Note-se que o problema surge, sobretudo, quando os direitos da Carta não têm correspondência na Convenção ou na eventualidade de a Carta consagrar um nível de proteção inferior à CEDH. Para Wyatt e Dashwood's –cf. ob.cit., p. 354 –, nestes casos, não poderá ser apresentada queixa ao TEDH, visto que não é uma situação interna. A única solução seria a UE aderir à CEDH nos termos do artigo 6º, nº 2, do TUE. Entretanto, discute-se se os Estados-Membros poderão fugir às obrigações decorrentes da CEDH, atuando a nível da União, em vez de o fazerem no plano nacional, ou se, pelo contrário, os Estados-Membros estarão sempre vinculados pela CEDH, mesmo quando aplicam direito da União, devendo as autoridades nacionais afastar a legislação da União contrária à Convenção, limitando-se,

entre os direitos conferidos na Carta e os reconhecidos nos Tratados, tais direitos deverão ser executados "de acordo com as condições e os limites" definidos nos Tratados (art.º 52º, n.º 2, da Carta)[293].

deste modo, o princípio do primado. Nesta discussão, é preciso não perder de vista que o Tribunal Europeu dos Direitos do Homem tem procurado assegurar um certo equilíbrio nas relações entre a Carta e a Convenção. Inicialmente, o TEDH recusou-se a apreciar essa relação e afastou a possibilidade de as autoridades nacionais fiscalizarem se a proteção dos direitos fundamentais na União era adequada, visto que tal proteção era conferida no plano da "comunitário" e garantida pelos tribunais "comunitários"; ou seja, estabeleceu o princípio da proteção equivalente – cf. Caso *M&Co*, 64 ECmHR 138 (1990). Esta doutrina vai, no entanto, ser, aparentemente, limitada nos casos seguintes. No caso *Matthews v. UK*, (*Matthews c. Royaume-Uni/v. the United Kingdom* [GC], no/no. 24833/94, CEDH/ECHR 1999-I de 18,2,1999) apesar do TEDH não ter competência para apreciar uma decisão do Conselho que não permitia que os nacionais de Gibraltar votassem nas eleições para o Parlamento Europeu, entendeu que o Reino Unido e os outros Estados da União, naquele caso, violavam o art.º 3º do Protocolo n.º 1 da CEDH; ou seja, apesar de ser inadimissível *ratione materiae* uma queixa contra a então Comunidade Europeu, já o poderia ser "indiretamente" através de queixas contra os seus Estados-membros. Já no caso *Bosphorus v. Irlanda* (*Bosphorus Hava Yolları Turizm ve Ticaret Anonim Şirketi c. Irlande/v. Ireland* [GC], no. 45036/98, CEDH/ECHR 2005-VI, de 30.6.2005), relativo a um regulamento comunitário que transpunha uma Resolução do Conselho de Segurança da Nações Unidas (*in casu*, a Irlanda apreendeu um avião de uma companhia jugoslava alugado pela companhia turca, Bosphorus Airways, nos termos do dito regulamento que executava medidas sancionatórias das Nações Unidas contra a antiga República da Jugoslávia), o TEDH teve ocasião de confirmar que não tinha competência para se pronunciar diretamente sobre atos '"comunitários", mas de certo modo pôde fazê-lo indiretamente, nomeadamente, ao apreciar medidas nacionais de execução. Depois de enunciar a doutrina da proteção equivalente, o TEDH limitou-a: a presunção de uma proteção equivalente pode ser afastada, se, num caso específico, a proteção do direito da Convenção for "manifestamente deficiente"; no caso considerou que a proteção do direito de propriedade não era deficiente; prevaleceu, assim, o papel da Convenção, considerada um "instrumento constitucional da ordem pública europeia" no domínio dos direitos fundamentais". Por fim, o TEDH esclareceu que a doutrina da proteção equivalente só se aplicava ao dito I pilar, cf. *MSS v. Bélgica e Grécia*, (*M.S.S. c. Belgique et Grèce/v. Belgium and Greece* [GC], no/no. 30696/09 de 21.1.2011). Os acórdãos referidos estão disponíveis, nomeadamente, em http://www.echr.coe.int/NR/rdonlyres/15E0E23D-8D4A-4B53-B483-9B443AB99AA3/0/Listechrono.pdf. Para uma análise detalhada destes casos, cf. Armando Rocha, *O Contencioso dos Direitos do Homem no Espaço Europeu – O Modelo da Convenção Europeia dos Direitos do Homem*, Universidade Católica Editora, Lisboa, 2010, pp. 68 e ss.

[293] O problema como refere P. Craig, ob. cit., p. 228, é que as anotações à Carta não indicam quais os direitos baseados no Tratado. Por exemplo, o art.º 21º da Carta proíbe a discriminação com vários fundamentos, sendo a lista mais extensa do que a do art.º 19º do TFUE. Talvez a

Por seu turno, o artigo 53º da Carta afirma que "[n]enhuma disposição da presente Carta deve ser interpretada no sentido de restringir ou lesar os direitos do Homem e as liberdades fundamentais reconhecidos, nos respectivos âmbitos de aplicação, pelo direito da União, o direito internacional e as Convenções internacionais em que são partes a União ou todos os Estados-Membros, nomeadamente a Convenção Europeia para a Proteção dos Direitos do Homem e das Liberdades Fundamentais, bem como pelas Constituições dos Estados-Membros". Estabelece-se, também aqui, um nível de proteção mínimo associado a uma cláusula de não regressão, ou seja, a proteção concedida aos direitos fundamentais não pode ser inferior à que tem sido reconhecida nas várias fontes aí mencionadas. O objetivo da disposição é, pois, o de afastar o receio de alguns Estados quanto à diminuição do nível de proteção dos direitos do Homem concedido, nomeadamente, pelas constituições nacionais[294].

Em suma, apesar de não existir consenso sobre a Carta, enquanto expressão de um modelo social europeu, parece relativamente pacífica

melhor solução nesses casos, como aliás já foi defendido, cf. ob. cit. loc. cit , seja considerar que aquela parte da disposição da Carta que não se baseia no Tratado não fica sob a alçada do art. 52º, nº 2 da Carta.

[294] Neste contexto, levantou-se a questão de saber se a redação dada ao artigo 53º, e em especial a referência feita às constituições nacionais, seria susceptível de comprometer o princípio do primado do direito da União. Para Liisberg a resposta seria negativa, uma vez que a questão do primado nunca foi discutida nos trabalhos preparatórios, não tendo sido considerada sequer um problema. Sustentariam ainda esta tese, segundo o mesmo autor, não só o argumento literal (repare-se que a letra do art. 53º menciona apenas as disposições da carta; logo, *a contrario*, outras disposições da União poderiam ter esse efeito restritivo), mas ainda o objetivo político da referida disposição – acalmar os receios de alguns Estados, esclarecendo que a Carta não substituía as Constituições nacionais – e mesmo uma análise de direito comparado. Cf. Jonas Bering Liisberg, "Does the EU Charter of Fundamental rights threaten the supremacy os Community Law?", *Jean Monnet Working Paper*, 2001, 4/01, pp. 3 e ss. Podia ainda referir-se o facto de a redação inicial do art.º 53º da Carta ter sido alterada, acrescentando-se a expressão "nos respectivos âmbitos de aplicação", mas a verdade é que o argumento parece pouco relevante dado que a Carta só vincula os Estados-Membros quando estes aplicam o direito da União. E se, com este entendimento, reduzimos o interesse da norma, também não é de estranhar tal consequência, tendo em conta a análise de direito comparado feita por Liisberg (cf. ob. cit. loc. cit.). Igualmente no sentido que a referência feita no art. 53.º da Carta às constituições dos Estados-Membros não visa comprometer o princípio do primado, cf. Koen Lenaerts e Piet Van Nuffel, *Constitutional Law of the European Union,* Thomson, Sweet & Maxwell, 2005, p. 732

a afirmação de que é necessária uma resposta europeia para a rutura dos sistemas nacionais e para um espaço social europeu criado, nomeadamente, pela livre circulação de pessoas[295].

5. O TRATADO DE LISBOA E A CARTA DOS DIREITOS FUNDAMENTAIS DA UNIÃO EUROPEIA

Com a entrada em vigor do Tratado de Lisboa não só a Carta adquiriu força vinculativa, como se passou a discutir de forma acesa a adesão da UE à CEDH (recorde-se que é necessária a adesão, mas não foi fixado um prazo). O art.º 6º, nº 2, do TUE, deve ser lido em conjunto com o Protocolo nº 8, que refere a necessidade de se preservar as características específicas do direito da União, sublinhando que a adesão não pode afetar as competências da União ou os poderes das instituições; e ainda com a declaração nº 2 que sublinha o diálogo entre o Tribunal de Justiça e o TEDH, reforçando a necessidade de se manterem as características específicas do direito da União. Apesar de ser uma prioridade política, o Tratado de Lisboa não fornece grandes orientações sobre o assunto.

A favor da adesão da União à CEDH invocam-se, aliás, vários argumentos: (1) A adesão é importante do ponto de vista simbólico, reforçando o compromisso da União com a proteção dos direitos fundamentais interna e externamente; (2) A adesão indicia uma certa coerência entre as soluções vigentes no ordenamento da União e nos nacionais; seria difícil explicar porque é que a União não está vinculada à CEDH, quando os Estados são membros do Conselho da Europa e a adesão à CEDH é uma condição de entrada na União; (3) A adesão é essencial para evitar divergências entre os *standards* de proteção de direitos fundamentais, fixados pelos Tribunal

[295] É certo que a dimensão social europeia tem sido construída de forma *ad hoc*, parcial e sem grande coerência, encontrando-se aliás dispersa pelos mais variados intrumentos. Ainda assim, e como refere Gráinne de Búrca, ob. cit., pp. 8-9, o argumento de que a falta de solidariedade transnacional torna indesejável da política social europeia é um argumento que *subestima* o potencial construtivo da experiência na cooperação económica, política e social; a intervenção feita em áreas como acesso à saúde, regulamentos de segurança social e direitos dos cidadãos promovem *um grau de solidariedade e responsabilidade mútua (por tentativa e de forma limitada no ínicio) entre Estados, cidadãos e outros residentes num espaço europeu alargado*. Logo, a introdução de direitos sociais na Carta não substitui a necessidade de aprovação de políticas sociais no plano da União.

de Justiça e TEDH, ou seja, é essencial para garantir uma jurisprudência harmonizada e coerente; (4) Com a adesão formal e plena, as instituições da União (incluindo o Tribunal de Justiça) ficam sujeitas aos mecanismos de controlo da CEDH, tornando as soluções mais eficazes; (5) A adesão permite ao TEDH rever medidas da União; os indivíduos poderiam impugnar atos da União perante o TEDH, tal como a União se poderia defender perante o tribunal de Estrasburgo e ser aí representada[296].

Discute-se, ainda, se, e como, devem ser formalizadas as relações entre o Tribunal de Justiça e o TEDH. Note-se, desde já, que a Resolução do Parlamento Europeu de 19 de Maio de 2010, sobre os aspetos institucionais da adesão da UE à CEDH[297], considera que não seria sensato formalizar, neste momento, as relações entre o Tribunal de Justiça e o TEDH. Sugeriu-se que não era necessário um mecanismo específico entre os dois tribunais, e como consequência o esgotamento das vias legais continuaria a ser necessário. Isto significaria, na prática, e simplificando, que nenhum indivíduo poderia recorrer ao tribunal de Estrasburgo se não tivesse esgotado os remédios internos, sendo o artigo 267º do TFUE parte desse sistema; isto é, considerava-se imperativo e necessário para se respeitar o princípio da subsidiariedade, inerente à convenção e ao efetivo funcionamento do sistema de remédios judiciais da União, que o Tribunal de Justiça pudesse apreciar a validade dos atos europeus antes de o TEDH os poder rever.

Recentemente, em 19 de Julho de 2011, a proposta de acordo da adesão da União à CEDH foi tornada pública, acolhendo algumas das soluções mencionadas[298]. A proposta foi negociada entre o Comité para os Direitos Humanos do Conselho Europeu e a Comissão Europeia da União Europeia. Entre as medidas apresentadas destaca-se a eleição de um juiz, representante da União, com o mesmo estatuto dos outros juízes; os outros Estados podem desencadear processos contra a União e vice-versa; e o Tribunal de Justiça pode apreciar previamente (e rapidamente) a compatibilidade do direito da União com a CEDH (isto é, antes do TEDH se pronunciar).

Em conclusão, a revolução esperada com a Carta ficou aquém das expectativas. A interpretação, e aplicação coerente, dos direitos proclamados, é, desde logo, dificultada pelos numerosos protocolos e declarações, que,

[296] Cf. Xavier, ob. cit p. 10.

[297] Disponível em http://eur-lex.europa.eu/LexUriServ/LexUriServ.do?uri=OJ:C:2011:161E:0072:0078:PT:PDF (20.12.2011).

[298] Cf. http://register.consilium.europa.eu/pdf/pt/11/st18/st18117.pt11.pdf.

em certos casos, limitam mesmo os efeitos da Carta. É certo que a Carta permite acolher uma pluralidade de fontes e interpretações dos direitos fundamentais, mas também suscita inúmeras dúvidas, nomeadamente a questão de saber quem é que tem o poder de decisão final quanto à proteção desses direitos na União[299], dúvidas estas que poderão ser, em certa medida, esclarecidas com a adesão da União à CEDH.

[299] Há quem entenda, à luz do pluralismo constitucional europeu, que a solução deve ser no sentido de se reconhecer uma proteção multi-nível e não a existência de uma hierarquia. Em todo o caso, existindo um conflito a tendência será para se considerar o TEDH como tendo a *kompetenz kompetenz*. Sobre esta questão cf.Fausto de Quadros, ob. cit., p.165 e Wyatt e Dashwood's ob. cit., pp. 337 e ss.

ÍNDICE